Abbé L.-J. BRETONNEAU

Ancien Sous-Directeur du Collège Saint-Grégoire
Missionnaire apostolique
Directeur de la *Croix de Touraine*

L'Apostolat de la Jeunesse

PENDANT L'ANNÉE DE LA GUERRE

OU

Entretiens familiers destinés aux Maisons d'Education

COLLÈGES, PENSIONNATS, ÉCOLES ET AUX FAMILLES

PARIS
PIERRE TÉQUI, LIBRAIRE-ÉDITEUR
82, RUE BONAPARTE, 82

1916

TISSIER (Mgr). *Soyons Apôtres.* Nouv. édit. In-12...... 3 50
— *Les Grands Jours du Collège.* In-12 .... 3 50
— *Le bon Esprit au Collège.* 1 vol. in-12........... 3 50
— *La Parole de l'Evangile au Collège.* Nouv. édit. 1 vol. in-12 .... 3 50
— *Les Jeunes Ames.* Nouv. édit. In-12 .... 3 50
— *La Vieille Morale à l'Ecole : l'Ame du Collège.* Un in-12 .... 3 50
— *Sur le Front : Consignes de Guerre.* 2ᵉ édit. In-12.. 3 50
DEHON (Abbé). *L'Education et l'Enseignement selon l'Idéal chrétien.* Discours de distribution de prix (1877-1886). 1 vol. in-12............ 2 50
DELMONT (Abbé). *De l'Enseignement libre et chrétien, sa nécessité, ses droits et ses gloires.* Recueil de 35 discours pour distributions de prix. 1 in-12............ 3 50
DUPANLOUP (Mgr). *De l'Education.* T. I. De l'Education en général. T. II. De l'Autorité et du Respect dans l'Education. T. III. Les hommes d'Education. 14ᵉ édit. 3 in-12 .... 10 50
MORICE (Abbé). *Retraites d'Enfants.* Retraite préparatoire à la Communion solennelle. Allocutions sur divers sujets. 1 vol. in-12...... 3 »
— *Jeunesse et Pureté.* Quinze conférences pour Retraites, Patronages et Œuvres diverses de jeunes gens. In-12 XII-240 pages. 2ᵉ édit. 2 »
— *Jeunesse et Idéal.* Quatorze instructions dans ce nouveau recueil. 1 in-12........ 2 »
— *Catholiques, défendons notre Foi.* 1 vol. in-12... 2 »
MOUSSARD (Abbé). *Conférences historiques, dogmatiques, morales et liturgiques,* mi-

ses à la portée de la jeunesse et en rapport avec les exigences de l'époque. Trois vol. in-12 .... 10 50
— *Conférences aux Jeunes Filles sur l'Apostolat chrétien.* 4ᵉ édition. In-12........ 2 »
SAINT-QUAY (P.). *Vivre ou se laisser vivre.* 2ᵉ édition. Un vol. in-12 .... 3 50
TEXIER (Abbé). *La Piété chez les Jeunes.* 4ᵉ édit. 1 vol. in-12 .... 3 50
— *La Charité chez les Jeunes.* 3ᵉ édit. 1 vol. in-12.... 3 50
VANDEPITTE (D. H.). *Conférences à la Jeunesse des Ecoles.* Iʳᵉ série : Grandes vérités du salut et devoirs d'état. IIᵉ série : Devoirs envers Dieu et envers le prochain. IIIᵉ série : Devoirs envers nous-mêmes. 3 vol. in-12 .... 6 »
GRIMAUD (Abbé). — *Défendons-nous.* 2ᵉ édition. 1 vol. in-12 .... 2 »
— *Sauvons nos Ames.* Un vol. in-12 .... 2 »
JULIEN (Chanoine). *Du Berceau à l'Ecole, ou l'éducation dans la famille.* Conférences prêchées dans l'église Saint-Joseph du Havre. 1 in-16........... 3 »
LALLEMAND (R. P.). *Allocutions pour les Jeunes Gens.* 5 vol. in-12............ 15 »
LAMENNAIS (Abbé F. de). *Le Guide de la Jeunesse,* précédé de la Religion démontrée à la Jeunesse, par J. BALMÈS, de l'Histoire sainte, par BOSSUET. 15ᵉ édition. Un vol. in-32 .... 1 »
LE CAMUS (Abbé). *L'Education chrétienne.* Conférences. Un vol. in-12 .... 1 50
— *La Vocation ecclésiastique.* Un in-12 .... 1 »
— *Retraites fermées.* Un vol. in-12 .... 2 »

L'Apostolat de la Jeunesse

PENDANT L'ANNÉE DE LA GUERRE

OUVRAGES DU MÊME AUTEUR

(Librairie M. Cattier, Tours)

L'Ecrin du Solitaire. Grand in-8° carré illustré. 2 70
La Lecture des Contemporains. Pages choisies des meilleurs auteurs. Un vol. gr. in-8° raisin.... 6 »
L'Ame de Lourdes. Réponse aux *Foules de Lourdes.* 2ᵉ édit. In-12 illustré.................. 3 50
Apostolat de la Jeune Fille à l'école de Jeanne d'Arc. Un vol. in-12 illustré............... 2 »
Bernadette, pièce religieuse en deux parties, pour pensionnats et écoles 1 25

En préparation *(pour paraître en 1916)* :

La Croix et le Drapeau. Alliance nécessaire et féconde pour la gloire de la Patrie. Récits de guerre.

Abbé L.-J. BRETONNEAU

Ancien Sous-Directeur du Collège Saint-Grégoire
Missionnaire apostolique
Directeur de la *Croix de Touraine*

L'Apostolat de la Jeunesse

PENDANT L'ANNÉE DE LA GUERRE

OU

Entretiens familiers destinés aux Maisons d'Education

COLLÈGES, PENSIONNATS, ÉCOLES ET AUX FAMILLES

PARIS
PIERRE TÉQUI, LIBRAIRE-ÉDITEUR
82, RUE BONAPARTE, 82

1916

Nihil obstat :

Tours, le 18 septembre 1915.

H. BOISSONNOT, chanoine.
Censeur.

Imprimatur :

Turonem, die 20 septembris 1915.

RAIMBAULT,
V. g.

Imprimatur :

Parisiis, die 23 septembris 1915.

H. ODELIN,
V. g.

A SA GRANDEUR MONSEIGNEUR NÈGRE

Archevêque de Tours

Monseigneur,

Permettez-moi de dédier à Votre Grandeur ce petit volume : *L'Apostolat de la Jeunesse pendant l'année terrible de la guerre.*

C'est le résultat du contact assidu que j'ai pu prendre avec les âmes des enfants, par mon ministère et dans mes prédications, pendant la guerre.

Il m'a semblé que les enfants, dans l'année scolaire 1915-1916, pourraient encore tirer quelque fruit, pour leur formation chrétienne, de ces simples entretiens familiers.

Votre Grandeur, à l'exemple du divin Maître, aime et bénit paternellement les enfants. Elle se plaît à les interroger sur les vérités religieuses, sur leurs devoirs et même sur leurs projets d'avenir.

L'Apostolat de la Jeunesse est un des nobles buts de votre fécond Episcopat.

Daignez, Monseigneur, bénir cet ouvrage, destiné aux Educateurs de la jeunesse et aux enfants, pour qu'il puisse réaliser les intentions de son auteur et aider à préparer une France de demain : chrétienne et glorieuse.

L'Abbé L.-J. Bretonneau,
Missionnaire apostolique.

AVERTISSEMENT

AUX ÉDUCATEURS, AUX MÈRES DE FAMILLE ET AUX ENFANTS

Nous comptions donner, cette année, aux chers enfants des maisons d'éducation chrétienne notre deuxième série de L'Ecrin du Solitaire. La première série, ayant eu un succès complet, nous engageait à poursuivre notre œuvre d'*Apostolat* des enfants.

Mais voici que la guerre est survenue, nous arrachant aux pacifiques études, pour nous accabler de préoccupations et d'anxiétés patriotiques incessantes. Nous avons eu la mission d'évangéliser beaucoup d'enfants pendant l'année de la guerre.

Les leçons providentielles tirées de la guerre nous ont saisi par leur actualité intensive et souvent tragique. La barbarie, que l'on croyait vaincue, est revenue dans les fourgons allemands et la civilisation chrétienne a semblé reculer dans tout l'empire du Kaiser. Quelle horrible vision !

Etudiées de près, les leçons de la guerre ont apporté aux esprits réfléchis, en France, dans toutes les classes sociales, une démonstration très évidente que notre patrie, malgré ses fautes et ses égarements, malgré sa guerre à Dieu, s'est ressaisie, sur les champs de bataille et dans les tranchées, par l'union sacrée de tous ses fils, pour atteindre à l'apogée de l'héroïsme, avant même le choc suprême.

Les enfants doivent être les premiers à comprendre, pour les admirer, les raconter à leur manière, et les imiter, s'il se peut, toutes les actions d'éclat accomplies pendant la guerre. La gloire et le sacrifice sont un patrimoine commun aux enfants et aux parents.

Adolescents de toute condition, petits Français, témoins d'événements sans précédent dans l'histoire du pays, vous pouvez éclairer vos consciences sur les grandes lois de l'honneur et de la justice; d'un seul coup, vous pouvez acquérir la virilité du caractère et les solides vertus des chrétiens, rien qu'en honorant vos pères et vos frères aînés.

Si nous plaçons sous vos yeux quelques tableaux de guerre, c'est pour les soumettre à votre jugement et vous inspirer des pensées de fidélité à Dieu et à la Patrie et la noble fierté des exploits accomplis et des souffrances endurées pour la France.

Dans cette série d'entretiens familiers, clairs et simples, sans prétention littéraire, nous mettons à votre portée une magnifique floraison de qualités françaises, arrosées du sang le plus pur et le plus chaud de nos braves soldats.

A vous, mes chers enfants, quel que soit votre jeune âge, de respirer le parfum qui s'en exhale et de cueillir ces roses vermeilles d'héroïsme, même avant l'heure de la victoire!!!

Tours, le 15 août 1915.

L.-J. BRETONNEAU,
Miss. apostolique,
Ancien sous-directeur du collège St-Grégoire,
Directeur de la *Croix de Touraine*.

P.-S. — Nous confions filialement ces simples feuilles à la *Mère de Miséricorde* et à la *Reine du Ciel et de la France*, vers laquelle, en la fête de l'Assomption, les regards suppliants de tous ses enfants sont dirigés :

SALVE REGINA! MATER MISERICORDIÆ!

L'APOSTOLAT DE LA JEUNESSE

PENDANT L'ANNÉE DE LA GUERRE

PREMIER ENTRETIEN

L'âme guerrière

I

Mes chers Enfants,

Me servir des leçons de la guerre actuelle, le plus terrible des fléaux de Dieu, pour vous suggérer *des pensées, des sentiments* et des *résolutions vaillantes;* tel est mon but. L'œuvre de votre éducation morale est une œuvre de guerre, précédant et préparant une grande victoire sur vous-mêmes. C'est donc, comme des soldats courageux et disciplinés, que vous devez aborder l'année scolaire qui commence, comme la précédente, au bruit lointain du canon et lorsque tambours et clairons, sur les champs de bataille, entraînent vos pères et vos frères aînés à l'assaut et à la victoire.

Les actes héroïques et sublimes de nos soldats, leurs armements, la stratégie et la tactique, les terribles mêlées, la vie dans les tranchées, les blessés secourus, les prisonniers faits par l'ennemi, nos succès : enfin toute l'histoire de la guerre peut, par certains points, ressembler à votre histoire intime, faite de lutte entre le devoir et le plaisir. Vainqueurs ou vaincus, tel est le sort qui vous est réservé pendant les années de votre adolescence et tout le long de votre vie.

Vous devez donc avoir une âme vraiment *guerrière*.

L'*âme guerrière*, dans le sens spirituel du mot, n'est autre qu'une âme vraiment *chrétienne* de nom et de fait.

Le Christianisme, vous le savez, mes chers enfants, c'est la Rédemption accomplie par le Christ Sauveur, expiant pour l'Humanité coupable et la rachetant par son sang divin; c'est-à-dire la victoire divine de Dieu contre la malice humaine.

La guerre, à cause de ses sacrifices, des douleurs et des deuils qu'elle fait naître, par l'effusion du sang généreusement offert, deviendra pour la France, notre patrie, une véritable *rédemption nationale*.

L'âme chrétienne et l'âme guerrière ont fait alliance sur tout le territoire; la foi et le patriotisme se sont unis; la réconciliation des partis, sur le terrain de *l'union sacrée*, s'est produite. Dieu en soit béni !...

—Chers enfants, vous préparez une France de demain plus chrétienne et plus vaillante, si vous savez profiter des leçons de la guerre et vous hausser à la taille des héros.

II

L'*âme guerrière* des enfants de votre âge est riche et belle. Nous la saluons avec admiration quand il nous est possible de la rencontrer. Elle sait vaincre, tous les jours : la mollesse, l'inconstance dans les efforts, la lenteur au travail, l'indiscipline, les querelles et bien d'autres défauts. Quel vaste champ de bataille que celui-là!...

Elle brille dans les yeux comme une épée aux rayons du soleil, elle s'ouvre comme une fleur dans une franchise souriante, elle rayonne sur les fronts purs, elle éclate dans une parole vigoureuse et décidée, en face du devoir imposé; elle s'élève vigoureuse comme un beau palmier au milieu de chétifs arbustes.

L'*âme guerrière* est la sœur des âmes sanctifiées qui peuplent le ciel, et presque la compagne des anges. Partout où il faut du courage, de l'abnégation et de la générosité, elle se manifeste; elle occupe tous les postes d'honneur à l'aurore de la vie. C'est une âme selon l'Evangile, qui proclame que la vie terrestre est une *milice* et un rude combat, qu'il faut des athlètes pour recevoir la couronne promise aux victorieux, que la race des saints n'est pas éteinte et ne le sera jamais avant que le ciel ne soit peuplé.

C'est une âme très sympathique qui a quelque affinité avec le foyer bien allumé, dans les jours d'hiver. Elle invite, elle attire, elle garde les bonnes amitiés fraternelles, elle réchauffe d'autres âmes refroidies, elle éclaire par ses conseils, et suscite par ses exemples, des vertus actives et de nobles initiatives inconnues auparavant.

C'est une âme qui sait être joyeuse à ses heures, en récréation et au travail, comme nos valeureux soldats avant et après la bataille, et compatissante envers les blessés de la vie dans une charité expansive.

Le parfait écolier, mes chers enfants, doit donc sentir palpiter en lui une *âme guerrière* sur le modèle que nous venons d'indiquer. C'est en ce temps de guerre, que nous voulons vous le dire clairement. La vulgarité des âmes, leur corruption ou leur faiblesse ne s'accommodent pas des grands et sublimes devoirs des soldats du front aux prises avec un ennemi tenace et bien armé. L'héroïsme d'occasion, sous certaines conditions, peut arracher des âmes tout à coup à la boue pour les élever jusqu'au bleu du firmament, mais c'est une exception.

Des enfants à qui la guerre n'enseignerait aucune de ses graves leçons, et ne suggérerait rien de généreux et de vaillant, manqueraient de piété filiale et de patriotisme et seraient assimilés à des soldats déserteurs.

Un soldat anglais, blessé gravement au cœur, dès les débuts de la guerre, voyait couler son sang sans pousser aucune plainte : « Vous souffrez beaucoup, lui dit-on. — C'est vrai, répondit-il, mais j'ai donné mon cœur à la France!... »

Chers enfants, faites à la patrie offrande de vos cœurs pour qu'ils puissent mieux se transformer pendant la guerre en des cœurs plus vaillants!...

LECTURE

Une fillette de douze ans

Les enfants de France semblent décidément tous capables d'abriter en leur petit cœur un héros qui sommeille.

On n'a guère signalé le service rendu par une fillette de douze ans, et pourtant c'est grâce à son dévouement et à ses menues jambes que la garnison du fort de Troyon fut avertie de l'approche des Allemands.

Nos pioupious et nos artilleurs avaient coutume de descendre du fort chaque matin au bas de la colline, jusqu'à une auberge dont ils appréciaient grandement le café savoureux. Un jour, hélas! les uhlans survinrent, les devançant. Il fallait aviser nos troupiers du danger qu'ils couraient. La fillette se dévoua, alla à la rencontre des nôtres qui, ainsi prévenus, préparèrent à l'ennemi une bruyante mais écrasante réception.

Evidemment, ils n'eurent point leur café, mais les Boches furent « chocolats ».

***

Un héros de sept ans

Il y a quelques jours, le jeune Daniel J..., âgé de sept ans à peine, et domicilié avec ses parents à Béziers (Hérault), se présentait au bureau de recrutement afin de contracter un engagement pour la durée de la guerre !

Avec une réelle conviction, le jeune gosse sollicitait l'honneur d'aller combattre les Allemands !

Pour ne pas détruire chez ce courageux enfant l'âme patriotique, on l'éconduisit avec la plus grande douceur, en lui faisant remarquer qu'il était nécessaire d'obtenir le consentement de ses parents.

Le soir même, il sollicita ce consentement. Le père lui répondit que ce genre d'engagement ne se faisait qu'au mois de mars; et, chaque matin, à son réveil, il demande à ses parents si ce n'est pas encore l'heure et le jour de son départ.

L'éducation donnée par les parents a porté ses fruits. En développant en lui l'amour de la patrie, ceux-ci ont préparé la nouvelle génération à laquelle appartient l'enfant, à résister aux ennemis de la France. (G. P.)

*
* *

Œuvre nationale pour l'érection d'un monument commémoratif de l'héroïsme des enfants pendant la guerre

Ils sont nombreux, les petits troupiers de quinze ans et même de douze ans, qui ont réussi, à force d'ingéniosité, à se faire admettre dans les rangs de nos soldats, aux côtés desquels ils combattent vaillamment.

Nombreux aussi sont les petits martyrs qui, plutôt que de trahir la patrie, sont tombés sous les coups d'un ennemi sans pitié.

Une souscription placée sous la présidence d'honneur de la petite princesse Marie-José de Belgique, vient d'être ouverte en vue de l'érection d'un monument commémoratif qui sera édifié au centre de Paris, à la gloire des enfants héros de la guerre 1914-1915.

Les dons sont recueillis au siège, 79, boulevard Saint-Germain.

*
* *

Aux écoliers de France

A l'occasion de la rentrée des classes du lycée de Bordeaux, M. Sarraut, ministre de l'instruction publique, a prononcé un discours, dont voici la conclusion :

Ainsi resterez-vous dignes de votre grand pays. Ainsi seulement pourrez-vous payer l'immense dette contractée envers ceux qui vous auront gardé cette patrie, dont le sol maintenant, par tant de sépultures de héros, vous devient deux fois plus sacré.

Chaque jour, chaque soir, en ce moment même, entendez-vous, ils tombent, ils saignent, ils meurent, et c'est pour vous, c'est pour les vôtres; c'est parce qu'ils se font tuer ainsi, ces frères sublimes, que tout à l'heure vous pourrez retrouver votre foyer paisible et vos mères toujours vivantes.

Jadis, on disait à César : « Ceux qui vont mourir te saluent ! »

Aujourd'hui, jeunes gens, l'ardente voix qui monte de l'arène sanglante vous crie : « Ceux qui vont mourir vous sauvent ! »

Que le suprême hommage de votre gratitude s'exprime dans le labeur passionné, dans la ferveur et la foi du dévouement sans limites que sur les tombes de nos morts vous jurez aujourd'hui de consacrer à la patrie...

*
* *

Heureusement pour la consolation des familles éprouvées et pour l'encouragement de la jeunesse, l'Église a des arguments bien plus élevés à faire valoir. Elle n'a pas manqué de les produire.

DEUXIÈME ENTRETIEN

La stratégie et la tactique de la guerre

I

Mes chers Enfants,

Les victoires décisives, celles qui écrasent l'ennemi et le forcent à demander la paix, ne sont pas toujours le résultat d'une impétueuse marche en avant ni d'un assaut à la baïonnette; elles peuvent être dues à des mouvements de troupes cachés à l'ennemi, ordonnés, au moment voulu, par un général excellent tacticien, qui est obéi ponctuellement de tous les chefs et de tous les soldats.

Combien nous apparaît complexe l'organisation de la guerre! Tous les services essentiels doivent fonctionner comme les rouages d'une puissante machine, qu'une seule main peut mettre en mouvement.

Pour le recrutement, l'habillement, la revision des hommes, pour la mobilisation à date fixe suivant l'itinéraire marqué, pour l'armement et la concentration des troupes, tout a été prévu à l'avance et réglé par le grand état-major.

Ainsi, mes chers enfants, il faut vous établir, au début de cette année scolaire, qui comporte une période guerrière dans l'histoire de votre éducation, dans un état d'âme spécial, bien adapté aux circonstances. C'est une disposition générale *à bien étudier* toutes les parties du programme fixé par vos maîtres et à *exercer* avec ardeur, obéissance et persévérance toutes vos facultés dans une harmonie parfaite.

Pour réussir dans ce travail, vous vous souviendrez que vous avez essentiellement besoin du secours divin qu'il faut demander dans la prière et accroître encore par le bon usage des sacrements. Il vous faudra aussi, dans votre vie morale, de la discipline, c'est-à-dire la soumission parfaite à vos parents et à vos maîtres.

Le plus grand nombre de nos soldats combattants, en face du danger et, pour mieux écarter les défaillances possibles, sont devenus des soldats priant sans respect humain et recherchant librement tous les secours religieux; merveilleuse transformation constatée dans tous les corps d'armée!

La prière dans les tranchées est aussi une pratique habituelle pour nos soldats.

La messe est célébrée dans les églises proches du front ou en plein air, près d'un campement où même dans les abris provisoires et menacés.

Les aumôniers, les prêtres-soldats ou infirmiers sont recherchés partout et ils multiplient les absolutions et les bénédictions.

Les soldats chrétiens purifiés et réconfortés se sentent plus vaillants à l'heure du danger quand Dieu est avec eux. Quelle grande leçon pour la France de demain!

II

L'art si complexe et si difficile de vaincre, sur les grands champs de bataille, ressemble exactement à l'œuvre entreprise par une âme humaine qui veut sincèrement conquérir la victoire sur les défauts dont elle porte en elle le germe fatal.

Ainsi, mes chers enfants, il vous faudra d'abord *creuser vos tranchées protectrices* pour vous y abriter et, de là, porter des coups plus sûrs contre vos ennemis.

La tranchée protectrice, c'est pour vous l'éloignement des camarades dangereux et des occasions funestes de péché; c'est la tutelle décisive de vos bons parents, de vos maîtres et maîtresses et de vos patronages.

Le soldat bien abrité dans sa tranchée et bien armé aperçoit l'ennemi et se met en garde contre une attaque possible; il peut facilement par sa perspicacité déjouer toutes ses ruses et éviter les surprises; il attaquera ensuite avec chance de succès au moment le plus opportun.

Vous avez de même tous les moyens d'échapper aux agressions si redoutables de vos défauts, en les connaissant bien et en surveillant les manifestations de votre caractère et vos habitudes défectueuses, comme aussi vos fréquentations.

Les enfants et les adolescents qui se sentent protégés deviennent plus ardents dans la lutte et plus confiants dans le succès, ce sont les victorieux de demain.

Chers enfants, établissez de solides forteresses autour de vos cœurs si menacés par les passions, construisez des créneaux et des murailles solides et, pour mieux imiter nos soldats du front, tendez des fils bien résistants : c'est-à-dire, consolidez de plus en plus vos résolutions de première communion, et les promesses renouvelées de votre baptême.

La tactique des contre-attaques est souvent employée dans les combats incessants de nos vaillants soldats. Dans l'ordre moral, il est bon d'y avoir recours.

Si vos âmes assaillies de tentations venaient à fléchir, un acte énergique de mortification, une prière ardente, un bon conseil demandé et suivi achèveront la déroute du démon tentateur ou de ses instruments. Les tranchées bien défendues sont la terreur de l'ennemi.

A l'extrémité des tranchées et dans un lieu favorable, les chefs militaires établissent des observatoires et des postes de surveillance à l'usage de sentinelles toujours vigilantes.

Pour vos âmes si fragiles et si chères à Dieu, la sainte Vierge Marie, invoquée par vous, sera votre gardienne et vous mènera à la victoire.

Elle vous suit d'un œil maternel pour vous empêcher de succomber.

Votre bon ange gardien est aussi pour vous un veilleur fidèle au poste.

LECTURE

Histoire de tranchées

Arrivé sur le front, un commandant de compagnie reçoit l'ordre de s'assurer de l'importance numérique des Boches terrés face aux tranchées françaises. Il prendra une section, deux sections s'il le faut, qui, par une manœuvre habile, ramperont jusqu'aux trous allemands, feront le coup de feu et reviendront une fois la mission remplie.

Le commandant de compagnie, soucieux de ménager la vie de ses hommes, use alors d'un truc très ingénieux. Il rassemble la compagnie et donne ses ordres en peu de mots.

— Tout le monde, dit-il, doit être prêt à une heure du matin.

A l'heure dite, de formidables clameurs se font entendre sur les lignes françaises. Des « en avant ! », des « hourras ! », de simples cris jetés à pleine gorge montent dans l'air, tandis que deux clairons s'époumonnent à sonner la charge. En même temps, les hommes piétinent sur place comme s'ils couraient vers les tranchées des Boches.

La réponse ne se fait point attendre. A peine les clameurs, les clairons et les piétinements ont-ils commencé que, en face, les feux de salve retentissent, les mitrailleuses crépitent et le canon gronde.

Un immense éclat de rire réplique à cette débauche de mitraille...

Le commandant de compagnie est satisfait. Il a pu dénombrer l'importance des forces ennemies, terrées face à ses hommes, et celle des mitrailleuses et de l'artillerie. Il n'a pas perdu un seul homme...

*
* *

Un moulin sans travail se présentait entre les deux fronts. Ce moulin aux ailes paresseuses gênait un peu le commandant des Français. Il le croyait un asile de Boches. Les Boches pensaient peut-être que les locataires de la grande meule à blé étaient de faux meuniers français.

On hésitait à y envoyer des patrouilles. Pourtant, nécessité oblige. On demande des braves : il s'en présente. On les regarde partir avec admiration.

— Pauvres *poilus*, disait-on : il n'en reviendra pas un seul !

Une heure, deux heures se passent.

Après la troisième heure, on voit venir un homme tout réjoui.

— Y a bon ! s'écria-t-il. Y a pas de Boches et j'ai rapporté un poulet !

Alors, ce fut à qui voulait patrouiller dans ce moulin de cocagne. Chaque soir, on en revenait avec de la volaille. Tout le poulailler y passa. Bien mieux, toute l'étable, car une nuit on revint de « patrouille » avec deux vaches, dont l'une aux mamelles si gonflées que le lait fit les délices des occupants de la tranchée.

Abandonnés de tous, les animaux avaient su se procurer une nourriture suffisante pour vivre.

TROISIÈME ENTRETIEN

Les âmes blessées ou prisonnières

I

Mes chers Enfants,

La guerre étant une œuvre de mort par la cruauté des hommes, devient, par la miséricorde divine, une rédemption, à cause des sacrifices sublimes et volontaires des vies humaines qui sont offertes généreusement.

Le sang coule par de profondes et larges blessures et, sous des chocs terribles, les corps sont mutilés, mais les âmes se purifient dans l'agonie, et au milieu des cruelles souffrances et surtout à l'heure suprême du dernier soupir.

— Parallèlement aux blessures des batailles sanglantes, dans les luttes morales où nous devons résister à tant de coups terribles, nos âmes peuvent être atteintes par des blessures; elles brisent momentanément leurs forces dans la conquête de la vertu et la pratique du devoir. C'est un temps d'arrêt dans la bataille, c'est le passage à l'ambulance et, peu à peu, par des soins assidus, la reconstitution des forces perdues s'opère.

Ceux qui ont vu les morts, les mourants et les blessés gisant pêle-mêle, partout où la bataille s'est déchaînée, nous ont fait des descriptions horribles conformes du reste à la réalité. Des vues photographiques nous ont produit une impression très vive et la rencontre des blessés et des mutilés est toujours émotionnante.

Les blessures de l'âme sont invisibles, mais très réelles et il est rare qu'elles ne se manifestent pas sur la physionomie de l'enfant et de l'adolescent. Combien dignes de compassion les chères âmes d'enfant blessées!

Chers enfants, à des signes spéciaux, l'âme d'un enfant que l'orgueil, la suffisance, la vanité, le dédain pour ses camarades ont atteint plus ou moins gravement, est tout à fait reconnaissable. Ni vos parents ni vos maîtres ne s'y trompent, laissez-vous soigner et guérir par l'humilité, la simplicité et la bonne fraternité. Vous savez qu'il y a une ambulance efficace dans le sacrement de pénitence, pour les âmes atteintes dans leur délicatesse et leur pureté et déjà flétries; elles se présentent devant Dieu comme de pauvres blessées, mais elles sont guérissables. Le médecin de vos âmes, mes chers enfants, est près de vous pour vous donner la grâce qui purifie et rétablit la pleine santé spirituelle. Vous savez par votre expérience combien la miséricorde divine est grande. Les victimes de tous les défauts communs à l'enfance et à la jeunesse, l'Église divinement instituée par Jésus-

Christ, les recueille, les soigne maternellement et les réconforte et il n'est pas un de nos défauts qui puisse résister à son action bienfaisante.

Le Christ a été le divin blessé qui a pourvu miséricordieusement au service charitable de tous les corps blessés comme de toutes les âmes blessées.

II

Les regards compatissants de tous les bons Français se sont portés au delà des champs de bataille et de nos frontières, vers les prisonniers de guerre.

Leur sort malheureux, leur séjour dans des camps ennemis, la privation de nouvelles de leurs familles, une nourriture de mauvaise qualité et insuffisante, tout ce que nous connaissons de nos prisonniers, nous touche au plus intime de nos cœurs. C'est ce qui a inspiré l'œuvre généreuse des envois de secours aux prisonniers.

Leur histoire est presque un martyrologe. Quelle dure captivité! A combien de travaux pénibles ils sont condamnés! A quels chefs cruels et barbares ils sont obligés de se soumettre! Leur sort n'est pas très différent de celui des forçats condamnés aux travaux publics et détenus dans les bagnes lointains. Plusieurs ont été accablés de mauvais traitements.

La charité française a été ingénieuse et prodigue pour adoucir les privations de nos prisonniers de guerre captifs en Allemagne. Des envois de pain, de vivres et de vêtements sont accueillis là-bas avec des larmes de reconnaissance. Des familles ont adopté les plus délaissés des prisonniers et des échanges de lettres cordiales ont établi des liens très touchants.

L'œuvre des marraines a eu un succès qui fait honneur à la générosité féminine.

Chers enfants, il y a des âmes prisonnières et captives qui se sont laissées dominer par des habitudes vicieuses ou par des défauts non combattus...

On devient prisonnier de son péché dominant comme de certaines passions redoutables. Interrogez votre conscience et elle vous dira quels liens vous oppriment et quel démon vous tient captif.

L'heure de la délivrance pour vos âmes dépend de votre bonne volonté et de vos efforts que la grâce divine peut rendre efficaces.

Quelle paix ! Quel heureux soulagement ! Quelle consolation résulteront de la libération de ces âmes prisonnières ! La liberté pour les âmes d'aller à Dieu et le bonheur de savoir leurs prières accueillies avec faveur, quelle source de force !...

Vous avez rencontré des grands blessés revenus d'Allemagne et échangés avec des prisonniers allemands également blessés. Leur joie est si grande qu'ils oublient presque leur infortune. La liberté et le retour au pays natal sont pour eux des biens d'une valeur incomparable.

Dans la prière que Notre-Seigneur nous a enseignée, *le Pater*, il a pris soin de nous suggérer une demande de libération pour nos âmes et nos corps : « *Libera nos a malo.* » Elle convient bien dans la bouche de nos prisonniers de guerre, mais elle est aussi bien opportune pour rendre plus efficace l'œuvre d'éducation morale de la jeunesse française catholique. Celle-ci veut étudier, pour bien les appliquer, toutes les leçons de la guerre, car elle sait que la Providence enseigne le monde par les événements de l'histoire.

LECTURE

Frères d'armes

Tout le jour, le village a subi par rafales
L'ouragan des obus, des bombes et des balles;
Tout le jour, ses maisons ont flambé; son clocher,
Erigé pour montrer le ciel à la prière,
Et garder son troupeau comme un chien de berger,
A semblé faire signe aux bandits d'approcher
Et de cracher autour leur grêle meurtrière,
Et tout le jour on s'est âprement fait faucher;
On a pris et repris les maisons et les rues,
Dans le fracas des mitrailleuses accourues,
Et dans les sifflements de la flamme et les cris
Des malheureux ensevelis sous les débris...
— Le soir descend. La lutte, enfin, s'est apaisée.
C'est le moment où, dans le sang et la rosée,
On ramasse, un par un, — non pas les morts; les morts
Attendront que la nuit ait veillé sur leurs corps
Et pleuré tous ses pleurs d'éternelle pleureuse, —
Mais les blessés plaintifs à la chair douloureuse,
Dont il faut conserver, comme un pauvre son feu,
Le souffle vacillant..., ou consoler l'adieu...
— Alors, sous un rayon du couchant qui le baigne
Et qui, très rouge, fait croire que le ciel saigne,
Dans la rue à peu près déserte, lentement,
Vient un homme poussant devant lui, non sans peine,
Une brouette avec un vague chargement.
Il s'arrête, parfois, un peu, reprend haleine,
Puis continue... Est-ce un rustique, qui, malgré

La bataille, a cueilli, dans sa vigne ou son pré,
Du raisin pour sa cuve ou du foin pour sa bête?
Du tout; c'est un superbe officier, belle tête,
Aux cheveux déjà gris, au front grave, à l'œil doux,
Triste de quelque deuil ancien... Inclinez-vous !
Ce que le colonel à petits pas brouette,
C'est un épi sanglant sous la faux ramassé,
Un tout petit soldat affreusement blessé,
Un modeste artilleur, hier son ordonnance...
— Sainte fraternité du doux pays de France !...

François Fabié.

*
* *

Un hussard fait trois cents prisonniers

Nancy, 13 septembre. — C'est une aventure invraisemblable et pourtant absolument authentique. Un lieutenant d'artillerie qui, avec ses 75 terrifiants, accomplit des prouesses en Lorraine, raconte dans une lettre, qu'il adresse à son père, cet extraordinaire exploit :

« L'action était vive auprès d'un petit village lorrain. Un hussard français est fait prisonnier et emmené dans cette commune, où se trouvaient environ trois cents Allemands. Peu après, l'artillerie française canonne le village. Emoi dans le camp prussien, faces livides, panique : les balles sifflent, les obus éclatent.

« Les fantassins français gagnent du terrain. Dans un élan irrésistible, ils vont enlever le village. Le capitaine allemand interroge, blême d'angoisse, le hussard : « Si « vous résistez, déclare notre brave cavalier, tous vos « hommes vont être massacrés. »

« Le capitaine de répondre : « Nous nous rendrions « bien, mais nous avons une peur terrible d'être fu- « sillés. »

« Le hussard affirme qu'il n'en sera rien, qu'en France on observe loyalement les lois de la guerre et que les prisonniers sont humainement traités.

« S'il en est ainsi, nous nous rendrons. » Et crânement, le petit hussard, le visage épanoui en un large sourire, se place au côté du capitaine ennemi, et suivi des trois cents casques à pointe, marche au-devant du premier officier français qu'il rencontre, et lui livre tous ses prisonniers. »

QUATRIÈME ENTRETIEN

La vaillance prépare la victoire

I

Mes chers Enfants,

Vous entendez souvent autour de vous demander quelle sera l'heure de la victoire décisive? Quand sonnera-t-elle à nos clochers de France?...

Ni le généralissime lui-même, ni aucun membre du gouvernement ne peut en ce moment, prédire à jour fixe la paix si désirée dans le triomphe du droit et de la justice, ni la victoire qui nous libérera de nos ennemis.

Pour nos luttes intimes, dans lesquelles nous avons à livrer des combats presque quotidiens contre nos défauts, nous pouvons connaître exactement l'heure de la victoire et la préparer à coup sûr; nous sommes les maîtres de l'heure.

Ce sera toujours, si nous le voulons, l'heure de la *vaillance*. Quand nous aurons bien bataillé, comme disait Jeanne d'Arc, Dieu nous donnera la victoire.

Les âmes vaillantes préparent et assurent toujours les succès dans l'ordre spirituel. Les armes spirituelles de la prière et des sacrements sont à notre portée.

L'âme vaillante dans un corps d'enfant ou d'adolescent est celle qui dispose, *par la grâce de Dieu*, d'une force capable de triompher de tous les dangers, de vaincre toutes les tentations, de surmonter toutes les épreuves, et de pratiquer à un degré plus qu'ordinaire tous les devoirs.

La guerre a transformé beaucoup de jeunes soldats en héros; ils se sont sentis tout à coup, à un moment précis, entraînés vers un poste périlleux, pour y déployer toutes les ressources de la vaillance. Le commandement qui leur était donné produisait comme une étincelle de courage d'une force exceptionnelle, comme aussi le danger pressant et immédiat, réveillait toutes les ardeurs d'une vie à défendre. Saluons ces héros!

Ainsi dans l'ordre moral se produisent des transfigurations analogues, sous la pression de la grâce divine, lorsque des âmes énergiques se trouvent en contact avec un danger de péché.

Cette vaillance de vos âmes, mes chers enfants, doit, en ce moment, être envisagée par vous comme une nécessité et comme un grand élément de persévérance.

Vous voulez ajouter vos mérites personnels et intimes à la liste glorieuse des actes de bravoure et d'héroïsme que la France admire et récompense; soyez vaillants, toujours vaillants.

Dieu aussi a son *livre d'or* pour les âmes vertueuses qu'il saura divinement récompenser et les consciences connaissent la douce satisfaction de l'inscription d'une bonne action au *livre de vie* qui équivaut à l'ordre du jour de l'armée.

II

Pour vous aider à devenir des âmes vaillantes, il est bon que vous vous placiez parfois en face d'autres âmes qui ne savent ni lutter ni vaincre. Les contrastes sont une forme d'enseignement.

On assure que nos soldats, apprenant la défection momentanée de leurs camarades, ont demandé à ce que ces lâches fussent encadrés parmi des vaillants, pour leur faire expier leur défaillance et les entraîner de nouveau au combat. Ce fut fait et le résultat fut excellent. Les âmes lâches qui abdiquent leur liberté morale, jettent bas leurs armes pour s'enfuir et déserter le combat, outre qu'elles se déshonorent et se privent de la gloire et du fruit de la victoire, tombent dans la honte et le remords.

On les devine malheureuses, parce qu'elles ont trahi leur Dieu et perdu la paix de la conscience. Les voilà impuissantes et inertes pour les devoirs actuels.

Plus tard, dans la vie, en face des épreuves et des obligations graves, elles seront désemparées comme un vaisseau sans gouvernail, voué au naufrage; elles seront écrasées sous des fardeaux trop lourds, et incapables de résister aux épreuves multiples de l'existence humaine.

Le désespoir et l'endurcissement du cœur, voilà ce

qui souvent les attend. Quand le remords, comme une grâce divine, viendra tourmenter leurs consciences, ce sera peut-être trop tard, la source des regrets stériles s'ouvrira comme un abîme profond et vide que rien ne pourra plus combler.

Pour garder une âme vaillante dans un corps assailli par les provocations de la sensualité, il faut par la prière, la vigilance et la pureté organiser en vous, chers enfants, toutes les nobles résistances et parfois des offensives vigoureuses, des attaques et des contre-attaques. Un cœur, conservé pur ou purifié fréquemment, devient sûrement un cœur vaillant et victorieux.

Les lions de la bataille, disait un aumônier, étaient tout à l'heure à genoux devant moi pour l'absolution, ils me semblaient des agneaux doux et purs, prêts au sacrifice suprême.

Agneaux par la candeur, la pureté, l'obéissance, l'attachement filial à Dieu, à ses commandements et à son Église, vous devez rester surtout pendant votre jeunesse, pour devenir, quand l'heure des grandes luttes aura sonné pour vous, invincibles et victorieux comme des lions.

LECTURE

Trois petits soldats blessés

Ils sont trois petits soldats qui sont trois grands blessés. Une seule jambe par tête et quatre bras seulement pour trois torses robustes : c'est en cet état qu'ils sont revenus d'Allemagne, il y a quatre jours, et qu'on les a recueillis, avec une centaine de leurs compagnons de captivité, dans un grand hôpital militaire de Paris.

Hier était leur premier dimanche depuis l'échange et le retour. Un premier dimanche de France, voilà qui est doux à qui en fut privé pendant dix mois ! Des parents et des amis retrouvés qui se succèdent autour de vous; le respect ému des hommes; l'admiration ardente des enfants; les regards attendris, affectueux, quasi maternels de toutes les femmes qui passent; le sentiment profond du devoir accompli et de la gloire acquise : nos trois mutilés jouissaient de tout cela en braves et bons petits soldats qu'ils étaient autrefois et qu'ils sont encore...

La preuve c'est que, vers midi, quand on leur annonça qu'ils avaient la permission d'aller en ville faire une prudente promenade avant l'heure de la soupe, ils se concertèrent un moment du regard et, joyeux, s'apprêtèrent à sortir.

On les vit s'en aller tous les trois, brinqueballant sur leurs béquilles, hardis, souriants, heureux. Ils ne s'arrêtèrent ni aux tables rondes des cafés ni aux comptoirs d'étain qui leur faisaient signe auprès des portes ouvertes.

Ayant demandé à un agent la route certaine et la plus brève à suivre (car l'un d'entre eux est de Meaux et les deux autres sont d'Arras), ils se dirigèrent tout droit, ou, du moins, le plus droit qu'ils pouvaient, vers le but choisi...

Ce devait être loin, car ils revinrent à l'hôpital au moment où l'on servait le dîner, à quatre heures et demie.

Quelqu'un les questionna sur leur promenade, curieux de savoir quelle longue visite, d'abord, les avait ainsi retenus, au sortir des geôles allemandes.

Alors, celui qui avait encore ses deux bras tira de sa poche une modeste collection de cartes postales qu'on leur avait offertes, et, montrant du doigt la chapelle des Invalides, avec les drapeaux allemands appendus aux murailles, puis la cour illustre où s'alignent les canons pris à l'ennemi :

— Nous sommes allés voir, dit-il, tout ce que vous leur avez pris pendant que nous n'étions pas là !...

***

L'héroïsme d'un jeune Parisien

Un jeune Parisien de la classe 1913, Olivier Le Bastard, dont les parents sont établis commerçants rue Taitbout, a été tué le 29 août, au combat de Richaumont.

On ne lira pas sans émotion la lettre par laquelle l'adjudant de ce petit héros annonce sa fin glorieuse à sa famille :

« Mon élève, dont j'ai été et resterai fier, a été tué, le 29 août, glorieusement, on peut le dire. Voici dans quelles circonstances :

« Son sergent-major, chef de section, ayant reçu l'ordre de son commandant de compagnie d'occuper une crête restée libre, donna à son tour l'ordre à la section de se déployer en tirailleurs, à deux ou trois pas d'intervalle. La section était, à ce moment, dans un petit ravin, à l'abri des balles et, la hauteur étant battue par le feu de l'ennemi (mitrailleuse), la section eut un moment d'hésitation.

« — Comment, vous hésitez ! s'écria Olivier. Eh bien, j'y vais tout seul !

« Et il se détacha du groupe et monta : son courage, sa vaillance, son énergie décidèrent la section à faire le mouvement, et Olivier, arrivant le premier sur cette hauteur, entama seul le feu contre les mitrailleuses ennemies.

« Hélas ! le mouvement de la section n'était pas terminé, l'espace de deux minutes peut-être, qu'Olivier était atteint en plein front par une balle. La tête a été entièrement traversée et son pauvre corps, par la violence du choc, s'est mis à rouler la pente descendante et a été arrêté par les hommes de sa section, où il comptait beaucoup de vrais camarades. »

Les parents d'Olivier Le Bastard peuvent être fiers d'un tel fils.

CINQUIÈME ENTRETIEN

Pénitence et travail

I

Mes chers Enfants,

Nos combattants du champ de bataille souffrent sans se plaindre de toutes les souffrances et privations qui peuvent atteindre leurs corps et leurs âmes. Leur patriotisme et leur bonne humeur écartent le découragement et décuplent leurs forces.

Les récits de leurs nuits sans sommeil sont navrants, lorsque le canon, au loin, et la fusillade, plus près, les énervent parfois jusqu'au paroxysme, lorsque l'immobilité forcée roidit leurs membres. Dans la pluie et la boue, ils sont obligés de ramper; les rigueurs de l'hiver ont gelé leurs pieds, ils auraient préféré une blessure, elle eût été plus vite guérie. Plusieurs de ces membres gelés ont dû être amputés; la gangrène et le tétanos ont achevé de désagréger leur pauvre chair meurtrie. Ils nous sont revenus parfois comme de vraies loques humaines, mais leurs yeux étaient restés brillants et les cœurs sans défaillance.

Fatigués des longues marches de nuit et de jour, lourdes charges sur leurs épaules, courses dans un terrain défoncé, escalades des talus et des collines, ils ont éprouvé et ils éprouvent encore tous les jours les morsures les plus aiguës de la douleur, qui leur étaient inconnues.

Dans les heures d'attente qui précèdent un assaut terrible et meurtrier, leurs âmes passent par les affres d'une véritable agonie et, s'ils cherchent à oublier le danger et à s'étourdir quelques instants, le glaive mystérieux n'en perce pas moins leurs cœurs pourtant si robustes. Les héros d'une heure sublime, restent des hommes au repos, avec leurs faiblesses.

Ah! mes chers enfants, ces soldats, vos pères et vos frères aînés, vous enseignent la grande loi de la pénitence et de la mortification méritoires pour expier le péché. Ils vous disent à quel prix s'achète une victoire ou même un petit succès.

Vous n'êtes pas astreints à la pénitence du jeûne, mais il vous reste un champ très vaste pour pratiquer à certaines heures des pénitences volontaires que vous offrirez en union avec les souffrances des soldats.

Aux catéchumènes qui demandaient le baptême, dans la primitive Église, on imposait pour les admettre aux mérites divins du Christ, une franche renonciation aux idoles auxquelles les païens offrent un encens sacrilège. Et ils brisaient leurs idoles sans hésiter. N'avez-vous pas à briser quelques idoles!...

Quel enfant pieux et résolu à persévérer refuserait

d'offrir des heures de silence, de travail supplémentaire ou des privations appréciables selon son âge et ses goûts pour accroître davantage le trésor des mérites de nos chers combattants?...

II

Le travail intellectuel est pour vous, mes chers enfants, un devoir très précis et plus que jamais une nécessité pour acquérir une instruction suffisante. Vous avez à former votre intelligence et ouvrir votre mémoire à toutes les connaissances utiles de l'histoire du monde et de l'histoire de la France et même aux données de la science accessible à vos esprits. Une jeunesse sans culture intellectuelle est vouée à une perpétuelle infériorité.

Votre travail, qui comprend pour chaque jour des exercices, variés et intéressants, correspond parfaitement aux exercices militaires qui préparent les combattants, sans lesquels les troupes seraient sans cohésion.

L'usage des armes, le tir, la charge à la baïonnette, les mouvements réguliers et l'assouplissement des membres tiennent le soldat toujours en haleine; il ne devient habile pour attaquer, pour bien viser et pour se défendre que lorsqu'il a plié son corps à des exercices progressifs et multipliés.

Les soldats, bien formés par leurs chefs et bien aguerris, sont admirables à regarder quand ils défilent sous nos yeux; plus admirables encore sur les champs de manœuvre, mais surtout dignes de la

France qui leur a confié ses destinées; leur entrain, le rythme de leurs mouvements, l'alignement de leurs rangs, tout inspire confiance et on sait que le drapeau est bien placé dans leurs mains.

Voulez-vous, mes chers enfants, entrer davantage dans les intentions de vos parents et vous préparer par vos études sérieuses à devenir de bons et vaillants Français? L'heure de l'application à toutes les parties de vos programmes de classe est arrivée. Arrière l'inaction! Plus d'élèves insouciants et paresseux, plus de petits pédants qui prétendent étudier à leur guise et suivant leurs caprices, plus d'intelligences endormies et de mémoires rebelles par le manque d'efforts! Des studieux et des braves dans toutes les classes!

A tous, le bon Dieu vous dit : « Mon enfant, travaille courageusement, le travail est fécond en jouissances délicates et prépare un avenir de mérites et de succès!... »

Vos pères et vos frères qui épuisent leurs forces au service et à la défense du pays, dans leurs lettres du front, vous supplient de vous appliquer à tous vos devoirs, pour qu'ils puissent à leur retour constater vos succès et aviser à vous choisir une carrière. Ecoutez-les. L'ignorance invétérée et volontaire chez les enfants préparerait une France décadente, proie facile pour ses ennemis.

Le travail assure une adolescence préservée du mal, et prédispose à tous les labeurs féconds et glorieux de la vie. C'est lui qui forme l'esprit et le caractère à la sage discipline et multiplie presque à l'infini les ressources que la Providence met à la disposition des hommes.

LECTURE

Le baiser aux héros

Il y a des faits qui illuminent la figure des hommes.

L'anecdote authentique que nous rapportons est de celles que Plutarque aurait recueillies pour faire ressortir le caractère d'un de ses « Hommes illustres ».

Au cours d'un de nos derniers combats, le généralissime eut besoin de faire appel au dévouement de nos aviateurs.

Il réunit tous ceux qui se trouvaient là. Trente-six étaient présents. Lorsque le général apparut, ils formèrent le cercle autour de lui.

Au milieu du silence, grave, le général leur dit : « J'ai besoin, pour accomplir une mission très importante, de trois hommes prêts à sacrifier leur vie ; que ceux qui sont disposés à ce sacrifice veuillent bien lever la main. »

Aussitôt toutes les mains se levèrent, sans en excepter aucune.

En présence de cet admirable élan, le général, contenant mal son émotion, se trouva fort embarrassé, car aucun de nos aviateurs n'entendit céder sa place, chacun revendiquant l'honneur du périlleux devoir.

On dut recourir au tirage au sort.

Le sort ayant décidé, les trois aviateurs désignés sortirent du cercle, tandis que les autres, les yeux et la tête baissés, se retiraient, consternés de n'avoir pas été choisis.

Le général resta seul avec les trois héros auxquels il fit connaître leur tâche, ne leur dissimulant pas d'ailleurs l'effroyable danger.

L'ordre donné, les trois aviateurs saluèrent le général et se dirigèrent vers le hangar où se trouvait l'avion, pour voler... à la mort.

Le généralissime en les voyant partir s'écria : « Halte ! Demi-tour, droite ! » Obéissant au commandement, les aviateurs exécutèrent le mouvement et revinrent se placer devant le général.

Face à ces hommes, celui-ci leur dit : « Eh quoi ? Depuis quand des enfants qui vont mourir n'embrassent-ils plus leur père ? »

Et les trois aviateurs se précipitèrent tour à tour dans les bras que le généralissime leur tendait.

Puis l'ayant embrassé, heureux et fiers de cette sublime récompense, ils partirent.

Chef admirable ! Admirables héros !!!

**

L'exploit d'un chasseur à pied

Il s'appelle Léon Fournier. Il est au... bataillon de chasseurs à pieds. Il se trouvait près de Raon-l'Etape, il y a quelques jours, avec un camarade. Comment se virent-ils soudain tout seuls devant la ligne de tirailleurs allemands. Ils ne le surent pas; mais ce que Fournier sait bien, c'est que son camarade tomba blessé rapidement. Il le prend sur ses épaules; les balles pleuvaient. Tant pis ! Fournier se dirige vers les balles françaises à la vitesse que lui permet le poids de son précieux fardeau.

Tout à coup, devant lui, quatre Allemands. C'est beaucoup pour un seul homme. C'est si peu pour Fournier, qui prend son fusil. Il n'a plus que deux cartouches; chacune abat son homme, puis notre vitrier dépose son camarade sur le sol et attend.

Les deux qui restent chargent à la baïonnette, Fournier aussi. Il court vers le premier, il l'embroche; se précipite sur le second et le tue net d'un coup de crosse.

Il est bien un peu blessé, mais bah ! et reprenant sur son dos son ami, il rejoint l'ambulance française.

Or, savez-vous quel est son premier mot à son colonel ? « Mon colonel, je suis bien content, j'ai sauvé la vie à mon copain. »

Et c'est tout ce qu'il a dit sur lui-même.

SIXIÈME ENTRETIEN

Sacrifices et générosités

I

Mes chers Enfants,

Elle est touchante et vraiment instructive la page de l'histoire de France que les élèves des classes primaires ou secondaires de 10, 12, 15 et 16 ans sont en train d'écrire, parallèlement à l'autre page glorieuse écrite et illustrée par les héros, sur les champs de bataille ou dans les villes et villages envahis par l'ennemi.

Je vais vous en citer quelques extraits :
Voici des lettres authentiques que j'ai sous les yeux :

1° Mon cher militaire, j'ai travaillé pour vous, je vous ai tricoté une paire de chaussettes et vous, vous travaillez pour défendre la patrie et pour que nous soyons heureux et tranquilles dans notre maison. Prenez courage ! Je vous envoie aussi le cadeau que j'ai reçu à Noël. (Un petit Français qui vous aime et vous admire : Pierre B.)

2° Monsieur, je vous envoie cette bonne paire de chaussettes pour vous préserver du froid. Dans notre école, les garçons comme les filles, les petits comme les grands, tout le monde tricote. Nous trouvons qu'il faut mieux tricoter pour les soldats que s'amuser. Bon courage et bonne chance. Vive la France ! (Raoul A.)

3° Petit soldat, moi aussi j'ai appris à tricoter pour vous faire des chaussettes afin que vous n'ayez plus froid et que vous vous battiez courageusement contre les sauvages de Boches. Je souhaite que vous reveniez sain et sauf. (Daniel B.)

4° Je vous offre cette paire de chaussettes avec le paquet de tabac et le papier à lettre acheté avec mes économies... Malheureusement, je suis trop jeune pour aller défendre la patrie à vos côtés. Recevez, cher grand frère de France, avec mon petit paquet mes meilleurs souhaits. (Maurice C.)

Les petites filles sont aussi généreuses que les petits garçons.

5° Monsieur le soldat, je vous envoie de bonnes chaussettes et un cache-nez avec une pipe achetée de mes économies. Mon papa est à la guerre comme vous et il s'est battu courageusement, mais il y a un mois que je n'ai pas reçu de ses nouvelles. J'espère qu'il n'a pas de mal, je prie pour lui et pour vous. (Hortense de T.)

Une petite fille d'une école du 15° arrondissement a donné à la rédaction qu'on lui a demandée la forme d'une lettre au général Joffre.

Monsieur le général, je vous tricote de bonnes mitaines pour garantir vos mains, mais je vous prie de vous dépêcher de vaincre nos ennemis, pour que vous me rendiez mon papa, qui est parti depuis très longtemps et qui doit être très fatigué. Cependant, s'il le faut absolument, prenez votre temps, afin que nous soyons à jamais débarrassés de ces sauvages allemands qui font tant de mal en notre brave pays et qui tuent les enfants belges...

La lettre se poursuit ainsi sur ce ton de gentille naïveté et de touchante familiarité. Comme leurs mères, comme leurs sœurs, les petites filles de France, qui ont déjà eu l'occasion d'être courageuses en voyant passer les « tauben », refrènent leurs anxiétés pour ne songer qu'à la victoire finale, attendue, espérée — voulue!

II

Comme elle est mignonne cette petite Armande qui écrit ceci :

6° Je ne vous connais pas et cependant je vous aime comme un grand frère. J'ai travaillé pour vous de mes petites mains à côté de maman qui me racontait des histoires de la guerre qui me faisaient pleurer. J'ai tricoté des chaussettes et avec les sous de ma tirelire j'ai acheté pour vous des cigarettes et du chocolat. Je sais que vous êtes brave. (Armande S.)

7° Faites votre devoir de bon Français, comme je fais mon devoir de bon écolier en pensant à vous. Recevez ces chaussettes et délivrez-nous des vilains Allemands. (J.-Baptiste G.)

8° J'ai eu beaucoup de peine à apprendre à tricoter, car ce n'est pas le travail habituel des garçons, mais je songeais que je travaillais pour des soldats qui risquent leur vie pour nous défendre; cela m'a donné plus de courage. Je vous envoie donc une bonne paire de chaussettes dont vous avez, je pense, grand besoin en ce moment qu'il fait un si grand froid. (Jules Le M.)

A ces lettres naïves qui m'ont été gracieusement communiquées avant d'être expédiées au front, je pourrais joindre d'autres témoignages très expressifs des sacrifices et des générosités des écoliers envers les combattants et les blessés. Notre vaillant Pierre L'Ermitte a recueilli comme nous des lettres charmantes, il écrit cette page gracieuse :

« Parfois, les colis contiennent même de petites lettres exquises qui font chavirer un cœur d'homme. J'en ai lu une, écrite par des doigts bien inhabiles :

Je ne sais pas qui tu es, petit soldat, qui mettra ce tricot, mais sache bien que j'y ai travaillé en pensant à toi !... Je demande au bon Dieu qu'il te tienne bien chaud, que tu ne t'enrhumes pas... Et puis, comme si j'étais ta petite fille, je t'embrasse de tout mon cœur !

(Mimie, âgée de 9 ans.)

« Alors le soldat reprend le fusil avec plus de courage. Il n'est plus seul dans la plaine morne que sillonnent les balles.

« La patrie, elle est là, tout près de lui, elle protège son fusil, sa poitrine, ses mains; elle le couvre, elle le réchauffe, elle le caresse comme une mère... Toutes les mailles de la laine semblent être de petites bouches qui lui murmurent : « Soldat, on pense à
« toi et le jour et la nuit !... Soldat, on t'aime !... Que
« Dieu te garde et te ramène à l'amour de ton autel
« et à la chaleur de ton foyer !... »

Ce fut merveille de constater l'émulation qui se produisit dans tous les établissements scolaires, dans les pensionnats de jeunes filles et dans les collèges de garçons. Les récréations furent consacrées au travail de couture ou de tricot; les petites bourses se vidèrent et des réserves de chocolat et d'oranges s'amoncelèrent dans des caisses avec une destination charitable pour les héros ou les victimes de la guerre.

Il y eut des adoptions ingénieuses de marraines ou de petites sœurs se dépouillant pour des filleuls et des grands frères inconnus. Le sacrifice des prix et des récompenses de fin d'année se fit spontanément pour augmenter le trésor des blessés.

Chers enfants, vous avez éprouvé en faisant ces générosités un sentiment de grande satisfaction. C'est un spectacle bien réconfortant que vous avez donné à la France et à ses fils qui n'épargnent pour elle ni leur sang ni leurs fatigues.

Merci! Merci!...

LECTURE

Un joli trait de bravoure et d'amitié

Au cours de la bataille de Charleroi, un bataillon de chasseurs à pied est terriblement engagé. Soudain, sur la ligne de feu, un sergent tombe, la jambe fracassée par un éclat d'obus.

Il se tourne vers trois de ses amis, trois cyclistes de son bataillon, et leur dit :

— Mes amis, je vous en conjure, ne me laissez pas vivant aux mains des Allemands.

Les trois hommes lui répondirent :

— Sois tranquille ! Nous te le jurons.

Ils l'emportent alors dans un petit bois, le recouvrent de branchages.

— Nous reviendrons, sur l'honneur !

Au soir, il a fallu céder du terrain. La bataille a pris fin. Les trois amis se rappellent leur serment. Ils partent dans la nuit à bicyclette, parcourent le champ de bataille, retrouvent enfin le bois où ils avaient déposé leur ami blessé. Il est là, vivant, attendant avec anxiété le secours dont il désespérait.

— Nous voici !

Tout bouleversé d'émotion et de reconnaissance, il leur crie :

— Merci !

Il s'évanouit, pendant que ses trois vaillants amis le relèvent et, pendant 18 kilomètres, le portent avec des soins infinis jusqu'à une ambulance où on le recueillit.

*
* *

Deux jolis mots

Un capitaine français de tirailleurs rapporte ce joli mot d'un combattant anglais.

Sous le feu, dans les tranchées, il voit chanceler cet officier de l'armée britannique, sur la tunique duquel une grosse tache rouge vient d'apparaître au côté gauche :

— Mais vous êtes blessé, camarade ! s'exclama l'officier français.

— Ce n'est rien, répond l'officier du roi George... Ils ont cherché mon cœur et ne l'ont pas trouvé... *Je l'ai donné à la France.*

Ce trait sublime a été mis en poésie.

> Un chef anglais se meurt au bord d'une tranchée.
> De l'oreiller marneux formé par le talus,
> Il ne voit pas les morts, dont la plaine est jonchée.
> Tous ses efforts pour se mouvoir sont superflus.

C'est là qu'il fut jeté par l'âpre chevauchée,
(Mer humaine), après bien des flux et des reflus.
Son âme, avec ses yeux, est au ciel attachée,
A quoi bon s'occuper des biens qui ne sont plus?

Un officier français, survenant, l'interpelle :
— Que ta blessure est large et doit être cruelle,
Camarade, Quel sort ton courage a bravé!

Le chef anglais répondit : Ne plains pas ma souffrance,
Ils ont cherché mon cœur : ils ne l'ont pas trouvé,
Car, je l'avais donné tout entier à la France!

H. N. L.

Un Canadien blessé était amené, l'autre jour, dans une ambulance de première ligne; un éclat d'obus venait de lui traverser la cuisse; le sang s'échappait en abondance de la plaie :

— Souffrez-vous beaucoup ? lui demanda le major.
— Un peu, mais cela ne fait rien. Un Canadien en peut supporter bien d'autres, allez, puisque dans cette guerre il se bat à la fois pour sa sœur et pour sa mère — pour l'Angleterre et pour la France.

SEPTIÈME ENTRETIEN

La prière en temps de guerre

I

Mes chers Enfants,

En voyant vos bonnes mères prier à l'église ou à la maison avec tant de confiance et, parfois avec des larmes dans les yeux, vous avez déjà compris votre devoir et votre rôle pieux en temps de guerre. Mais le Souverain Pontife, les évêques et vos prêtres vous ont spécialement invité à vous unir étroitement avec tous les fidèles dans des solennités publiques qui se sont reproduites plusieurs fois.

Vous êtes venus très nombreux et des réunions d'enfants ont pu être organisées avec un plein succès, à des jours marqués.

Partageant toutes les anxiétés de vos familles, vous avez compris le *Sursum Corda* des heures de suprême détresse, quand la patrie est en danger. C'est le spectacle que nous a donné la France au début des hostilités.

Ce n'est pas vous, chers enfants, qui pouvez douter de la puissance de la prière qui pénètre jusqu'aux cieux et qui est symbolisée dans nos cérémonies liturgiques par la fumée odorante de l'encens et par la lumière étoilée des cierges. C'est par milliers que ces petits cierges dans les églises ont élevé vers Dieu leur flamme vacillante, pour s'éteindre dans un dernier scintillement.

Les prières publiques pour les armées ont été de tous les temps et de toutes les religions. L'Angleterre et la Russie, nos fidèles alliées, n'ont pas manqué à ce devoir national, leurs gouvernements ont sollicité des prières publiques.

Nous lisons dans l'histoire de Judith comment les enfants participèrent aux prières publiques ordonnées par le grand prêtre des Hébreux :

— « Tout le peuple priait à haute voix en implorant le pardon : Nous avons péché avec nos pères, disait le peuple, nous avons commis des injustices et des iniquités. »

« Les enfants se prosternèrent devant l'autel du Seigneur. »

Le résultat fut que Dieu suscita Judith pour sauver son peuple.

Cette libératrice des Hébreux, avant d'accomplir sa mission vengeresse contre le tyran Holopherne, réclama des prières et des actes de pénitence.

La prière des enfants, quelque soit sa naïveté, possède toutes les qualités de foi, d'espérance et d'amour, qu'elle peut contenir. Il s'y ajoute un parfum d'innocence tout spécial dont les anges et les saints du ciel sont avides et que le Sauveur Jésus, qui aimait tant saint Jean et les enfants purs de la Judée, se plaît encore à savourer.

II

Chers enfants, pour ceux qui, à vos côtés, refuseraient à la prière toute efficacité et renieraient la puissance divine qui gouverne le monde et, pour raffermir en même temps votre confiance, retenez les expressions les plus sublimes empruntées à la liturgie des prières publiques, en temps de guerre et de graves fléaux.

Elles sont empruntées au psaume 45: « *Deus noster refugium et virtus* » et aux belles prières de l'Église comme les Litanies des saints. Dieu est *notre refuge et notre force;* qui pourrait le contester lorsqu'on étudie l'histoire du monde et l'histoire des interventions divines? Il est bon d'exprimer cette vérité alors que des hommes puissants osent affirmer que la France ne doit compter que sur la force de ses canons et l'abondance des munitions, et lorsqu'ils n'hésitent pas à dire que la force matérielle des armées est la seule qui assurera la victoire pour notre patrie.

La prière inspirée du roi David exprime ensuite *an* acte d'admiration et de reconnaissance pour les bienfaits de Dieu. « C'est *Lui* et *Lui seul* qui fait cesser les combats! » Vérité de tous les siècles, de tous les peuples.

C'est encore *Lui* qu'il convient d'invoquer pour mériter la victoire et la paix : « O Dieu qui êtes la source des saints désirs, accordez-nous la paix que le monde ne peut donner!... »

Combien de pieuses invocations sont répétées sous des formes suppliantes dans les litanies des saints et quels appels pleins de confiance sont adressés au Christ! De nouveau nous lui offrons les mérites infinis de son Incarnation, de sa Rédemption, de toutes ses douleurs et de sa mort sur la croix!...

Mes enfants, cette grande vérité que les secours suprêmes pour les hommes et pour les peuples viennent de Dieu et qu'ils doivent être sollicités par la prière, est une de celles auxquelles vous devez donnr l'adhésion de votre foi sans hésitation ni réticence, pour votre vie entière.

La guerre affreuse que nous subissons est un fléau permis de Dieu non pour notre ruine mais pour notre conversion.

Jeanne d'Arc, accomplissant sa mission de libératrice, a déclaré jusque sur son bûcher, qu'elle n'avait été qu'un simple instrument de Dieu. *Ses voix* lui avaient dicté ses paroles et avaient soutenu sa vaillance jusqu'aux heures de sa captivité.

Si les Français en majorité reconnaissaient aujourd'hui la puissance de Dieu sur les destinées de la France, notre patrie serait bien près d'être sauvée. Mais hélas! on refuse de laisser arborer la simple image du Sacré Cœur.

LECTURE

Jeannot

— Tu ne sais pas, maman ? Je voudrais être un ange ?
— Un démon comme toi ? Ce serait trop étrange.
    Et Jean, aussi câlin
    Que lorsqu'il mange une orange.
— Oui, maman, pour jeter des bombes sur Berlin.

N.-L., mai 1915.

***

Un dessin du « Ulk »

Ce supplément humoristique du *Berliner Tageblatt* veut rire.

Le dessin de couverture du numéro du 11 décembre représente une énorme dame qui doit figurer la Russie. Assise au fond d'une cathèdre, elle reçoit l'hommage d'un pauvre petit soldat, qui s'appuie sur un sabre comme sur une béquille. Et la légende dit :

— Petite mère Russie, je t'apporte les remerciements d'un peuple reconnaissant.
— Qui donc es-tu ?
— Je suis le dernier Serbe.

Voilà ce que dit la légende. L'histoire dit autre chose, puisque avant l'apparition du prochain numéro du *Ulk*, le petit peuple, dont il se moque si agréablement, a, sans le secours de personne, chassé de son sol l'innombrable armée autrichienne qui, ayant mis quatre mois à conquérir Belgrade, n'a pu y rester que si peu de jours.

3.

Fatale destinée des dessinateurs humoristiques de Berlin ! Ils veulent égayer les Allemands et c'est nous qu'ils font rire !

*
**

Le « coup » de la pendule qui n'est pas à l'heure

Vainqueurs rapaces, les Allemands réquisitionnent les objets les plus indispensables. A Bruges notamment, ils exigent des particuliers la remise de fourrures de valeur et signent des bons de réquisition de dentelles !
— Non, mais voit-on ces brutes sanglantes rééditant la guerre en dentelles !

Leurs officiers eux-mêmes ne dédaignent pas d'ailleurs, tout en se donnant l'air de s'esbaudir aux dépens des habitants, de se transformer en vulgaires « chapardeurs ». Voici, à ce sujet, une récente et très typique anecdote :

Il y a cinq ou six jours, un brillant lieutenant de cavalerie allemande se présente dans un des plus beaux magasins du centre de Bruxelles, et se fait montrer ce qu'il y a de mieux en fait de gants de luxe. — Le monocle à l'œil, l'air conquérant, le verbe haut, il commande en maître et fait « retourner » tout le contenu des rayons. — Enfin, ayant trouvé une paire de suède à sa convenance, il en demande le prix :

— Six francs, hasarde timidement la marchande éblouie.

— C'est bien, dit froidement le reître, en empochant les gants. Puis, jetant un coup d'œil sur l'horloge, il ajouta :

— Votre pendule n'est pas à l'heure allemande. Je vous inflige six francs d'amende.

***

Gavroche au feu

Une section avance en silence vers les tranchées de première ligne, quand, tout à coup à l'horizon, aux emplacements des batteries allemandes, brille un éclair. L'officier, qui commande la section, sachant que dans une seconde les obus vont éclater, commande immédiatement :

— Couchez-vous !

La rafale passe; les mottes de terre, les cailloux, les morceaux de fonte volent autour de la petite troupe. Puis le calme revient. L'officier, en se relevant aperçoit un de ses hommes debout, couvert de terre et qui se secoue tranquillement.

— Pourquoi ne t'es-tu pas couché comme tout le monde ?...

— Dame, mon lieutenant, j'ai deux bouteilles de vin pour les camarades, et les bouchons sont perdus... Alors, n'est-ce pas...

HUITIÈME ENTRETIEN

Les visions de la guerre

I

Mes chers Enfants,

Un travail mystérieux s'est accompli dans vos jeunes âmes depuis le commencement de la guerre; vous vous êtes élevés progressivement jusqu'à la pleine compréhension du patriotisme qui doit se traduire, à certaines heures tragiques, par le sacrifice de la vie et par l'effusion du sang le plus généreux. Vous avez vu les vôtres marcher à la mort sans hésitation et l'écho de leur dernier cri : « Vive la France! » a retenti jusque dans vos cœurs.

La guerre est pour vous la plus éloquente des leçons que votre âge peut recevoir des événements publics; elle restera à jamais gravée dans votre mémoire.

Votre première vision de la guerre a été la séparation cruelle qu'elle a imposée à votre mère et à vos frères et sœurs. Vous avez écouté avec une émotion très vive les derniers entretiens de votre père et ses recommandations suprêmes. Le cher papa vous a regardé bien tendrement, il vous a pressé dans ses bras, sa dernière caresse, avant de partir, a été comme une bénédiction.

Comment n'auriez-vous pas pleuré lorsque, témoins de tous les préparatifs du départ, vous avez mieux compris combien ils s'aiment tendrement ces chers parents dont vous êtes la fidèle image et le gage le plus doux de leur union?

Est-ce qu'il ne vous a pas semblé que le cœur de votre maman se brisait lorsque ses yeux cessèrent de voir celui que la patrie forçait à s'éloigner du foyer créé par lui?... Mais, tout aussitôt, votre maman se ressaisissant, vous a couvert de tendresses, en vous disant : « Mon chéri, tu me restes! »

Il est parti le soldat de France abandonnant son épouse, ses enfants, ses intérêts. Vous êtes restés, vous les petits, anges consolateurs, portraits vivants des absents. Tout à coup, vous avez cessé d'être turbulents, vous ne vouliez pas troubler les douleurs maternelles et le silence du foyer. Vous êtes devenus moins exigeants, plus sérieux et on vous entendait souvent dire : « Papa, où est-il à ce moment?... Oh! maman, parle-moi de mon papa. »

Comme vous avez prié avec ferveur le premier soir où votre maison paraissait en deuil et, depuis, vos prières se sont prolongées!... Les tout petits ont trouvé des formules de supplication qu'ils balbutient, les mains jointes, dans un recueillement céleste. De cette première vision de la guerre conservez toute votre vie le souvenir ému.

II

D'autres visions suggestives ont passé sous vos yeux. Une flamme d'enthousiasme les a fait briller d'un éclat inconnu lorsque vous avez assisté au long défilé des régiments. Le drapeau était acclamé, les fusils enguirlandés de verdure, et les poitrines de nos soldats toutes fleuries de souvenirs gracieux. La musique jouait des marches militaires que la foule scandait de ses bravos. Puis des battements de mains, des acclamations frénétiques, des cris enthousiastes : « Vive la France ! Vive l'armée ! »

Le silence s'est fait, mais vos âmes d'enfants se sont mises à rêver de combats et de victoires. Vous aviez pris contact avec l'âme même de la patrie et, dans votre chambrette, un petit drapeau a été enlacé avec votre crucifix, admirable symbole de courage et de confiance !...

Sur vos atlas et vos géographies, autrefois ouverts avec ennui, vous vous êtes penchés, cherchant à suivre les mouvements de nos troupes et les étapes de l'invasion allemande. Vous avez jalonné de petits drapeaux les premiers théâtres des victoires françaises. C'est ainsi que vous avez mieux étudié l'histoire, et écouté attentivement la lecture des journaux. Vous avez aussi peu à peu appris à connaître nos généraux et la position des différents corps d'armées : Joffre, Castelnau, Foch, Maudhuy, Pau, etc... devinrent pour vos jeunes esprits des émules de Napoléon.

Quand elles sont arrivées, les premières cartes postales militaires, avec quelques mots, et la signature aimée de votre cher papa ou de votre grand frère, ce fut comme un rayon de gloire militaire qui apparaissait au foyer et, vous si lents et si inhabiles dans le style épistolaire, vous avez écrit de longues lettres où vous racontiez vos études et vos jeux, vos tristesses et vos joies. Votre missive naïve jointe à celle de votre bonne mère s'envolait trop lentement au gré de vos désirs pour porter un message de tendresse et un réconfort aux braves soldats du front. Le facteur des postes est devenu votre ami, le messager des tendresses.

Ainsi la fièvre militaire peu à peu vous a saisi tout entier, chers enfants de France, et il ne faut pas s'étonner que toute une légion de vos camarades se soit levée, sans qu'il y ait eu entente préalable, pour accomplir des équipées héroïques que nous aurons à vous raconter dans la suite.

LECTURE

Belle conduite d'un conscrit de vingt ans

Un capitaine de gendarmerie d'une sous-préfecture de l'Est a reçu d'un jeune instituteur-adjoint de l'Aisne, appartenant à la classe 1914, et dont le père servit sous ses ordres, la belle lettre suivante :

« Mon capitaine,

« Je vous écris du lit d'hôpital où je suis soigné.

« Il y a six semaines que j'ignore où sont mes parents.

« J'ai été appelé à Soissons, le dixième jour de la mobilisation. Peu de temps après je ne recevais aucune nouvelle de T...

« Apprenant que les Allemands descendaient sur Château-Thierry, je demandai à mon capitaine la permission de partir en campagne à la place d'un territorial, qui avait des enfants. Envoyé à Verdun, je fus blessé le mois dernier.

« Depuis je suis soigné à l'hôpital de Dreux. Mon père croit que je suis en train d'apprendre le métier militaire avec la classe 1914 qui n'a pas encore été au feu. Ce qui me console un peu, c'est que mes parents me croient en sûreté.

« Comme états de service, j'ai actuellement : un mois de service, quinze jours de campagne, deux blessures au pied gauche et dans le bas-ventre, cette dernière nécessitant une opération.

« Veuillez agréer, etc... »

Un héroïque boy-scout Belge

S. M. Albert Iᵉʳ, l'admirable souverain de l'héroïque Belgique, vient de décorer un boy-scout pour récompenser son extraordinaire vaillance.

Il s'appelle Leysen; il est né à Liége. D'une audace que rien n'arrête, d'une habileté inouïe, sachant à l'oreille reconnaître le moindre bruit, s'orienter à travers bois, ce boy-scout a accompli une magnifique série d'exploits.

Il a découvert et arrêté onze espions qui ont été passés par les armes, surpris des mouvements de l'ennemi parti pour un coup de force, et ainsi déjoué leur tentative en prévenant les troupes belges.

Quand l'armée de son roi rentra dans le camp retranché d'Anvers, il la suivit, et s'offrit alors pour porter à Bruxelles des dépêches officielles.

Et dimanche, pour la dixième fois, il réussissait à franchir les lignes allemandes et à remettre à ceux à qui elles étaient destinées, les missives qu'on lui avait confiées pour informer Bruxelles de ce qui se passait en France et en Russie, Bruxelles qui ne sait rien de la guerre que ce que veulent bien en dire les Allemands.
— (*Figaro*.)

Un vaillant petit bonhomme

Un enfant de onze ans, André Pierrot, habitant avec sa grand'mère dans une commune de la Haute-Marne, a écrit au général Plagnol, commandant la 24ᵉ région, à Chaumont, une lettre bien touchante pour lui demander à être incorporé comme enfant de troupe, au

109°, dans le régiment où a servi son père. Il veut venger son cousin qui a été blessé.

« Depuis le début de la guerre, dit l'enfant, je me suis appris à tirer, et je vous promets que je ne les manquerais pas car je veux tuer des Boches. »

Le général Plagnol, très ému par tant de courage et de décision chez un enfant de onze ans, a fait la réponse suivante :

« Mon cher enfant,

« Votre lettre me demandant l'autorisation d'aller au feu comme enfant de troupe, avec le 109e d'infanterie, régiment où a servi votre papa, m'a très vivement touché.

« Mais il n'y a pas d'enfants de troupe au front !

« Vous n'avez que onze ans et demi. Vous êtes tout petit, néanmoins vous avez le cœur très bien placé.

« Continuez de bien travailler auprès de votre grand'mère. Vos sentiments actuels me sont une sûre garantie que vous serez plus tard un vaillant soldat et un excellent citoyen.

« Je serre bien fort votre petite main.

« Signé : PLAGNOL. »

NEUVIÈME ENTRETIEN

La vision des réfugiés victimes de la guerre et des blessés des ambulances

I

Mes chers Enfants,

La guerre, vous l'avez déjà vécue, quoique vous soyez loin des champs de bataille, car toutes les plus sombres visions ont passé devant vos regards, vos âmes ont vibré comme de petits tambours battant la charge.

Le long et douloureux exode des réfugiés de Belgique, du Nord de la France et de pays plus lointains a frappé vivement vos jeunes imaginations. Elles fuyaient devant l'ennemi, sur un ordre impitoyable qui ne permettait aucun sursis, ces nombreuses familles affolées par le bruit du canon et des explosions. Sans presque aucun bagage, sans vêtements de rechange, sans ressources, escortées par de nombreux enfants, les familles réfugiées arrivaient dans toutes les villes du centre et les maisons s'ouvraient toutes grandes pour les accueillir fraternellement.

Les petits Français et les petites Françaises partagèrent leurs tables, leurs chambres et jusqu'à leurs lits pour faire place aux infortunées victimes de l'émigration et donnèrent spontanément leurs vêtements.

Vous avez entendu ces récits navrants de pères et de mères de famille réduits à une affreuse misère. Quand ils sont partis à la hâte, ces réfugiés, ils ont bien essayé de mettre en sûreté dans les caves, les jardins ou d'autres cachettes, leur mobilier, leur linge et leur fortune, mais le pillage a commencé aussitôt l'arrivée des Allemands. C'est pour eux la ruine.

Voilà des scènes inoubliables, chers enfants, que l'histoire enregistre aujourd'hui dans ses archives, mais dont la mémoire doit nous rester.

C'est une haute leçon de fraternité, de charité et de parfait patriotisme qui vous a été fournie depuis les premiers jours de septembre jusqu'au commencement de l'hiver 1914. Tous les enfants de France et de Belgique sont désormais frères et sœurs. Vos petites bourses se sont encore une fois ouvertes et vos cœurs ont épanché des trésors d'amitié, de compassion et de générosité en faveur des réfugiés. Quelques familles riches ont adopté tout à fait des familles émigrées et les ont pourvues abondamment de tout ce qui était nécessaire. Des logements gratuits ont été offerts et, avec un entrain sans exemple, les dons ont afflué. Dans la journée consacrée à la Belgique, les couleurs nationales belges ont été arborées à toutes les boutonnières en signe de vraie fraternité et les bourses des quêteuses étaient débordantes.

II

Les ambulances!... Qui pourra en parler comme il convient?

Le génie de la charité et le génie du patriotisme se sont associés pour produire, sur le sol français tout entier, comme une floraison de lits bien blancs à l'instar de grands berceaux, dans des salles confortables, immenses, bien meublées, ornées de drapeaux et de fleurs et pourvues de tout le matériel médical nécessaire. C'est un plaisir de les voir si bien alignés attendant leurs blessés.

Autour de ces berceaux adaptés pour les grands et sublimes enfants de France, blessés, toute une armée de mères et de sœurs, de médecins paternels, d'infirmiers dévoués! La patrie se penche tendrement sur toutes ces douleurs.

Les chers blessés, les membres broyés, avec des plaies encore béantes, dont le sang avait rougi tous les pansements, étaient portés délicatement dans ces lits de repos et aussitôt les anges de la charité s'empressaient pour les soulager, les veiller la nuit et le jour. Dans leur langage oriental, les soldats sénégalais ou marocains les appellent des plus doux noms.

Voilà, mes chers enfants, ce que vous avez vu dans toutes les villes et jusque dans les campagnes. Vous avez franchi toutes les barrières et esquivé toutes les consignes pour assister au débarquement des blessés, vous avez tendu votre main à ces héros mutilés et votre grande joie, ç'a été d'en interroger quelques-uns sur leurs blessures et la rude bataille où ils étaient tombés. Quel récit pittoresque et vécu!...

Ingénieuse aussi et prodigue de générosités a été votre compassion envers les blessés que vous avez pu visiter à loisir, ou rencontrer dans les jardins publics lorsque, sous les ombrages, les enfants faisaient cercle autour d'eux.

La belle fraternité entre les blessés et les enfants! nous l'avons vue tous les jours de près, avec des yeux pleins d'admiration. Les petits quittant leurs jeux et leurs camarades, pour escorter le blessé fléchissant sous ses béquilles et, tout prêts à tendre leurs bras, ils se faisaient les transmetteurs de bouquets de fleurs, les plus grands prenaient une part active aux conversations entre blessés pour mieux s'instruire de la guerre

Quelles belles leçons de sacrifice, d'héroïsme et d'amour de la patrie ont semé par tout le territoire les blessés! L'admiration s'est souvent traduite par des saluts tout empreints de sympathie et de respect. Il faut reconnaître aussi que bon nombre de nos chers blessés ont bien mérité par leur noble caractère et leur reconnaissance très expressive que la France se souvienne d'eux et les admire quelque peu, surtout quand ils parlent de retourner au feu.

M. Thamin, recteur de l'académie de Bordeaux, adresse aux inspecteurs d'académie une circulaire leur demandant d'inviter les élèves de tous les établissements d'enseignement public de l'Université de

Bordeaux à saluer les blessés qu'ils rencontreront dans les rues des villes ou villages. « Il faut, dit M. Thamin, qu'un geste rapproche le grand frère et le petit frère, le blessé et l'écolier, rappelle à l'aîné ce qui ennoblit et sanctifie sa souffrance, et signifie de la part du plus jeune qu'il sait déjà, si petit soit-il — car on grandit en cette année 1914 — ce que d'autres ont souffert pour lui. Un simple salut haussera l'âme des petits à l'idée du sacrifice et il apportera à ceux qui l'ont accompli avec une liberté attendrie la récompense due. Peut-être aussi, ce témoignage de respect sera-t-il, pour ceux qui accompagnent et soutiennent le blessé, père, mère, femme, de quelque adoucissement.

« Nous demanderons plus tard que ce respect dure pendant toute la vie de cette génération qui se sacrifie pour les générations suivantes, le blessé devra être partout à l'honneur; les blessures reçues à la guerre ont toujours été une parure. »

Nous nous associons volontiers à cette initiative.

LECTURE

La cocarde

Ma cocarde a les trois couleurs,
Les trois couleurs de ma patrie.
Le sang l'a bien un peu rougie,
La poudre bien un peu noircie;
Mais elle est encore bien jolie,
Ma cocarde des trois couleurs.

Que j'ai fait de route avec elle,
Toujours content et jamais las !
Que j'ai combattu de combats !
Ils la connaissaient, mes soldats !
Ah ! bien des cocardes n'ont pas
Ruban si beau, couleur si belle !

Et, maintenant d'où je la tiens
C'est presque un roman, son histoire !
Dieu me garde d'en faire gloire,
Mais elle était, on peut m'en croire,
Elle était sous la tresse noire :
Je l'ai vue et je m'en souviens.

C'était après trois jours de marches !
Nous arrivions transis de froid,
Cherchant l'auberge de l'endroit ;
Mais elle, alors, nous aperçoit :
« Oh ! les Français de peu de foi ! »
Elle était debout sur les marches.

Nous approchons, tout éblouis.
La maison est blanche et coquette,
Le feu brille, la table est prête.
« Jour d'espérance est jour de fête !
Entrez », dit-elle. Et, sur sa tête,
Brillaient les couleurs du pays.

Les Français sont chez eux, en France :
« Toute la ville vous attend.
Vous faisiez mal en en doutant. »
Elle riait, tout en parlant,
Elle riait, et, cependant,
Mes larmes montent, quand j'y pense.

Et j'y pense et je la revois !
Elle était là près de sa mère ;
Tout à coup, sur notre prière,
Elle chanta nos chants de guerre,
Et c'était la gloire en colère
Qui nous grondait par cette voix.

Oh ! la bonne et belle Française !
Le grand cœur et les jolis yeux !
Vous demandez, cher curieux !
Si je l'ai prise, audacieux,
La cocarde de ses cheveux ?
Moi la prendre, qu'à Dieu ne plaise !

Mais, tout pensif, je regardais.
Je contemplais, parlant à peine,
Ce front d'enfant, cet air de reine,
Ces trois couleurs dans cette ébène,
Et je me disais, l'âme en peine :
« Tout cela reste et je m'en vais ! »

Le clairon sonne : adieu, cocarde !
Adieu, chansons... Et, cependant,
« Ah ! si je l'avais, ce ruban... »
Et je m'arrêtai, tout tremblant.
Mais elle, alors, si simplement :
« Tenez, dit-elle, et Dieu vous garde ! »

Ma cocarde a les trois couleurs,
Les trois couleurs de ma patrie.
Le sang l'a bien un peu rougie,
La poudre bien un peu noircie;
Mais elle est encor bien jolie,
Ma cocarde des jours meilleurs !

Paul DÉROULÈDE.

DIXIÈME ENTRETIEN

Les enfants martyrs

I

Mes chers Enfants,

Qui aurait pu penser qu'en pleine civilisaiton, à l'apogée du progrès, au xx° siècle de l'ère chrétienne, les horreurs de la guerre eussent pu ouvrir un nouveau martyrologe d'enfants et d'adolescents?

Le champ de bataille est-il donc fait pour eux et quel avantage matériel l'ennemi peut-il retirer de l'effusion d'un sang si frais encore et si rose? Les chères petites victimes ignoraient encore la mort quand elle est venue les frapper.

Le barbare Hérode qui ordonna le massacre des Innocents, à cause d'une crainte puérile, a trouvé en l'empereur Guillaume, responsable des crimes de ses généraux et de ses soldats, un successeur et un imitateur.

Les deux noms seront accouplés dans la même malédiction des mères et la flétrissure de l'histoire. Si les enfants n'ont pas été martyrs de leur foi religieuse ils peuvent être regardés comme martyrs de la patrie. C'est en haine de la France qu'ils ont été frappés.

Elle vous sera contée un jour dans tous ses détails cette lugubre histoire de vos petits camarades, garçons ou fillettes, assassinés par des soldats allemands et elle deviendra populaire. Nous ne pouvons en ce moment que la résumer brièvement en citant les traits les plus sublimes.

Dans les écoles, bientôt, il n'y aura plus d'autre livre de lecture que celui qui racontera simplement comment les petits enfants de France ont été sauveurs et rédempteurs; car leur sang traîtreusement répandu aura crié vengeance vers le ciel et aura précipité la catastrophe finale de l'Allemagne.

Qu'il s'agisse de petits Français, de Belges ou de Polonais et de Russes, ils auront contribué à préparer, par leur holocauste pur, une génération de fils vaillants pour leurs patries.

Ah! mes enfants, vous retiendrez leurs noms et, si leurs images passent sous vos yeux, vous la garderez pieusement comme une relique dans vos albums. Dans vos styles, vous vous exercerez à conter leur histoire et, ne pouvant les invoquer comme des saints, vous les regarderez, du moins, comme des modèles de vaillance et de sacrifice. N'avez-vous pas une dette de cœur à acquitter à leur égard?...

Jadis, les gladiateurs, s'inclinant devant César lui disaient : « César, ceux qui vont mourir te saluent! »

Aujourd'hui, enfants, adolescents, jeunes gens, l'ardente voix qui monte de l'arène sanglante, vous crie : « Ceux qui sont morts, innocents, vous ont sauvé! »

II

Il mérite bien d'être inscrit un des premiers au martyrologe des enfants, Emile Després, du village de Lourches (Nord), âgé de 14 ans.

Tandis que les Allemands ivres d'alcool et de brutalités exercées sur les habitants de la région minière, occupaient Lourches, un sergent français blessé, étendu à terre dans une maison, le bassin fracturé, assista à une scène horrible : un officier allemand proférait les injures les plus grossières contre la maîtresse de maison. Livrée sans défense à des soldats ivres, la pauvre femme répondait à ceux qui demandaient de l'eau-de-vie : « Vous avez déjà tout bu; je n'ai plus rien à la maison. »

— Allons, commanda l'officier, il faut obéir ou gare la schlague!

En même temps, il menaçait de son sabre. Le sergent français indigné saisit son revolver et visa le soudard prussien qui fut tué raide.

En voyant tomber leur officier, les Allemands se jetèrent sur le sergent et le traînèrent hors de la maison, le frappant à coups de pieds et de crosse de fusil.

Sur la place se trouvaient réunis une quinzaine de mineurs entourés de soldats.

Accusés d'avoir tiré sur les Allemands, ils étaient condamnés à être fusillés.

Tour à tour deux de ces hommes étaient placés devant un mur et exécutés par un peloton commandé par un capitaine.

« Ton tour va venir », dit l'officier au sergent. Celui-ci ne répondit pas. Son horrible blessure, rouverte par les coups des soldats, le faisait cruellement souffrir; il était dévoré par la fièvre et la mort ne l'effrayait pas. Le jeune Emile Desprès, qui déjà l'avait soigné dans la maison, s'était approché de lui pour lui dire un mot d'encouragement.

« Mon ami, murmura le sergent, je t'en supplie, apporte-moi seulement un verre d'eau. » L'enfant courut et revint aussitôt avec un verre plein.

« Oh! merci, dit le Français, je pourrai maintenant attendre la mort. »

Le capitaine prussien, plein de fureur et pâle de rage, se précipite sur l'enfant, le jette à terre d'un coup de poing et le piétine sous ses talons.

« Ah! brigand, tu oses sous mes yeux secourir cette canaille de Français! Tu vas être fusillé avec les autres. »

Lorsque tous les mineurs eurent été fusillés, le capitaine allemand fit avancer Emile Desprès : on lui banda les yeux et on le plaça le long du mur.

L'enfant restait ferme et courageux, il semblait défier ses bourreaux.

L'officier attendit un instant pour mieux torturer sa victime, puis, tout à coup, il s'approcha de l'enfant et enleva le bandeau qui lui couvrait les yeux.

Le Prussien avait-il quelques remords ou un peu de pitié? Non, il méditait un autre forfait.

« Hein! Quelle peur tu as eue! lui dit le capitaine en ricanant.

— Moi! Je n'ai pas eu peur! repartit Emile.

— Allons! Je vois que tu es un brave, dit l'officier; aussi je veux te laisser la vie sauve, mais à une condition.

— Laquelle?

— Voici un fusil, prends-le et tue ce maudit Français. » Et il désigna le sergent.

L'enfant sentit la honte et la colère lui soulever le cœur. Il allait répondre un mot de mépris, mais tout à coup il se ravisa :

« Donnez le fusil, répondit-il hardiment. »

Il saisit l'arme et vise le cœur du Français affaissé sur le sol, presque mourant; mais soudain Emile Desprès se retourne, dirige le fusil vers le capitaine et le tue à bout portant.

« Maintenant, s'écrie-t-il, tu n'assassineras plus de Français! »

Les soldats furieux se jettent sur lui et le percent de coups de sabre et de baïonnette.

« Vive la France! » crie l'enfant et il meurt plein d'un courage héroïque.

L'histoire, mes enfants, retiendra le nom de Emile Desprès.

Un des lecteurs des journaux qui racontèrent cette mort sublime, envoya aussitôt son offrande avec cette désignation : « Pour le petit héros, pour lui élever une statue ou le glorifier ou venir en aide à sa famille ou l'honorer de la façon la plus digne! » Ce patriote avait raison.

LECTURE

Le courage

Toulouse, 17 décembre. — Au *Journal officiel* paraissait hier une courte note annonçant que la médaille militaire était décernée au soldat Jean-Marie Caujolle, du 24ᵉ colonial, « qui, amputé des deux jambes, a donné le plus bel exemple d'énergie morale au point de demander de retourner au front comme dactylographe ».

Les graves blessures qui ont privé ce soldat de ses deux jambes remontent à la fin de septembre. Evacué sur Toulouse et hospitalisé à l'hôpital complémentaire installé dans leur hôtel, 72, boulevard de Strasbourg, par les soins de MM. Calvet et Marsan, professeurs, l'un à la faculté des lettres, l'autre à l'Ecole des beaux-arts, Caujolle recevait dans les premiers jours du mois de novembre la visite du général Bailloud, commandant la 17ᵉ région.

Le soldat avait la tête entourée de bandelettes, et le général ignorait qu'il avait déjà subi une double amputation. Aussi, le questionnait-il doucement sur la nature de ses blessures.

Se redressant soudain pour saluer le visiteur, puis rejetant au loin drap de lit et couverture :

— Où ai-je été blessé ? Voilà, mon général, dit très calmement, mais avec une douce fierté le brave soldat, qui montrait ses deux jambes amputées au-dessus du genou.

Emu, comme tous les témoins de la scène, le général dit alors au blessé :

— Vous avez été bien malheureux.

Et il lui serra la main.

Mais le héros, la voix claire, l'œil vif, répliqua :

— Si nous sommes victorieux, mon général, et je n'en doute pas, je ne regretterai pas mes deux jambes.

Originaire de Saint-Girons (Ariège), engagé volontaire au 24ᵉ colonial, Jean-Marie Caujolle est âgé de vingt-sept ans.

La médaille des braves sera bien placée sur sa poitrine.

Émouvante cérémonie à Blois

Devant une foule de spectateurs au milieu de laquelle flottaient les étendards des vétérans, des médaillés de 70, des sociétés de gymnastique, etc., le commandant Destenay a remis une médaille militaire et neuf croix de guerre. Parmi les récipiendaires, se trouvait un enfant de dix ans, Hubert, qui recevait la croix de guerre méritée par son père, M. Louis Tassin de Montaigu, capitaine au 7ᵉ hussards, tombé glorieusement en chargeant l'ennemi, le 30 août 1914. Ce brillant officier, dont la devise était : *Moriar fidei servus*, a obtenu la citation suivante :

« Chargé de couvrir le flanc de la 17ᵉ division d'infanterie qui se portait à l'attaque, a arrêté par une charge poussée à fond une contre-attaque de l'ennemi, lancée dans le flanc de cette division. Le capitaine de Montaigu a été frappé mortellement par une balle au moment où, levant son képi, il criait à ses cavaliers :

« Allons ! hardi ! mes enfants ! pour Dieu et pour la France ! Là-haut, dans le grand ciel bleu, il y a place pour les héros ! »

La veuve et les quatre enfants du valeureux capitaine habitent actuellement le château de la Vrillère, à Saint-Lubin-en-Vergonnois (Loir-et-Cher).

ONZIÈME ENTRETIEN

Les enfants martyrs (*suite*)

I

Un jeune Lorrain fusillé

Le journal *la Presse*, à la date du 12 novembre, raconte comment a été fusillé un jeune Lorrain. Un jour le nom de ce martyr sera publié et deviendra aussi populaire que celui de Desprès.

La scène se déroule dans un riant village de Meurthe-et-Moselle.

Le ciel est pur et clair. Déjà le soleil matinal baigne de ses rayons lumineux les vertes montagnes et les plaines fleuries...

Vers les 7 heures, un régiment d'infanterie française fait son entrée silencieuse dans ce petit village, qui à peine se réveille. Sur un signe du colonel, les hommes se dispersent et cherchent un coin dissimulé, d'où ils pourront fusiller l'avant-garde ennemie.

Les habitants, ayant compris cette habile tactique, ne s'y arrêtent pas davantage et vont à leurs travaux des champs. Mais les enfants toujours curieux, tiennent à percer ce mystère. Et alors, ils s'approchent des braves fantassins pour leur demander la raison de cette embuscade. On la leur explique, mais en les avertissant qu'ils doivent aux yeux de l'ennemi, l'ignorer complètement.

Deux heures plus tard, un détachement de uhlans pénètre dans le village. Aussitôt, les fusils et les mitrailleuses crépitent, et sauf un uhlan, — qui est fait prisonnier, — les autres gisent à terre, tandis que les chevaux se sauvent à travers les champs.

Les cadavres sont vivement enlevés et l'on attend la suite.

A 11 heures exactement, un régiment bavarois s'arrête à l'entrée du village; un officier supérieur interpelle un enfant de 13 ans, lui demandant d'une voix dure et brutale, s'il n'y aurait pas dans le pays des soldats français.

— Monsieur l'officier, dit-il, si j'étais Allemand, habitant l'Allemagne, et que les officiers français me posent cette question, que faudrait-il répondre?

— Quoi? tu te mêles de raisonner? Tu vas me répondre à la seconde, si, oui ou non, tu as vu ici des soldats français?...

— Eh bien! à cela je réponds : non!

— Si tu m'as trompé, gamin, tu seras fusillé.

L'enfant se retira, et le régiment défila au son des fifres et des tambours.

Mais à peine a-t-il fait 200 mètres qu'il est assailli

par une grêle de mitraille. Sauf trois cents hommes qui battent en retraite, le régiment est anéanti.

Deux jours après, nos soldats furent obligés de se replier sur N..., laissant la place aux troupes ennemies venues en nombre considérable.

Tenant à se venger de l'anéantissement de leur avant-garde et du régiment bavarois, ils recherchent le jeune auteur volontaire de ces massacres. Moins d'une heure après, le gosse est amené devant le chef d'état-major allemand; il se présente d'un air crâne devant les officiers assemblés.

— Vous avez menti à un officier allemand?

— Oui. J'ai fait ce qu'un jeune patriote allemand aurait fait à ma place. Non, il ne m'appartenait pas, à moi Français, de trahir mes compatriotes.

— C'est tout?

— C'est tout.

— Eh bien! vous allez être fusillé.

— Peu m'importe, Monsieur! J'ai rempli mon devoir de bon petit Français. Loin de regretter mon acte, j'en suis heureux et fier!

Quelques minutes après, l'héroïque enfant est fusillé sur la place du village qui le vit naître.

Héroïque jusqu'à son dernier souffle, le vaillant petit Français mourut en jetant à la face des bandits de l'état-major allemand ce beau cri de défi : « Vive la France! »

Ah! mes enfants, quel noble et sublime exemple d'héroïsme pour vous, les contemporains de ce petit brave et pour les générations futures!...

Un autre fait analogue, dont le récit a été trouvé dans une lettre de soldat allemand, s'est produit.

Ce soldat expose ceci : sa colonne passait le long d'un bois. Elle rencontre un jeune garçon de 15 ans à peu près.

— Y a-t-il des Français dans le voisinage? lui demandent les Allemands.

L'enfant ne répond pas. On le prend comme prisonnier. Cinquante pas plus loin, une fusillade accueille les Allemands. Furieux, ceux-ci demandent au prisonnier : « Tu savais qu'ils étaient là? »

— Oui, je le savais! répond tranquillement l'enfant.

Aussitôt, condamné à être fusillé, « l'enfant se dirigea d'un pas ferme vers un poteau de télégraphe. Il s'y adossa... et il reçut la volée du peloton d'exécution avec un fier sourire sur le visage.

— C'était un petit poseur, ajoute l'Allemand.

Non, c'est un héros et un martyr de la patrie!!

LECTURE

Actes de bravoure

Il ne se passe pas de jours que d'un bout à l'autre du front, nos soldats ne se signalent par des actes héroïques.

Voici d'abord l'histoire de deux sapeurs télégraphistes qui vaut d'être signalée :

Carles Antoine et Demoizet Louis, sapeurs télégraphistes, sont envoyés, le 28 au matin, par le lieutenant commandant le détachement télégraphiste de la division, pour rétablir au plus vite les fils téléphoniques coupés entre le moulin de Zuydschoote et l'écluse de Het-Sas.

Ils sont vus; bombardement violent; ils n'en ont cure, réparent tranquillement, malgré les coups de sifflet d'un officier cantonné dans une ferme voisine et qui les rappelle.

Un obus rompt de nouveau le fil; ils le rétablissent. Un obus, ronflant plus fort, explose à trois mètres.

— Ça y est! Cette fois, nous y sommes! dit Carles.
Et Demoizet :
— Tant pis, je mourrai donc en faisant une ligature!
Tous deux s'en sont tirés et ont été mis à l'ordre du jour du corps d'armée.

L'histoire du zouave Texereau n'est pas moins émouvante :

Le 29 novembre, le zouave Texereau est de garde en avant des tranchées face à Luyghem, rive est du canal de l'Yser. Le colonel a recommandé de faire des prisonniers.

Une première fois, Texereau blesse un fantassin ennemi; mais l'Allemand s'enfuit, abandonnant son fusil.

Le lendemain, à cinq heures, une ombre se dresse à cinquante mètres à gauche du zouave; celui-ci se jette à plat ventre dans un fossé, rampe jusqu'à dix mètres du point suspect, se jette d'un bond sur l'adversaire, le paralyse, le ramène dans les tranchées et de là au colonel.

Voici, d'autre part, à l'honneur de nos aérostiers, une histoire vieille de quelques jours :

Dans la plaine à l'ouest de Vesten.

Les équipes de la compagnie d'aérostiers du capitaine Saconay déroulent le câble en fil de fer auquel sont fixés plusieurs cerfs-volants supportant une nacelle.

Emmitouflé dans une épaisse peau de bête, la jumelle au cou, la carte en main, le sergent observateur Tourtay prend place dans la nacelle : le câble se déroule.

— Batteries allemandes de 105 à l'ouest de Bixschoote, presque à la sortie du village; une autre un peu au sud de Merken, téléphone Tourtay.

5

La nouvelle est transmise à l'artillerie, qui exécute un bon travail.

Mais un sous-officier observateur signale une tache noire, au loin, dans le ciel, au-dessus des lignes ennemies.

Le capitaine observe l'aéro qui s'avance : « C'est un Boche ! A vos carabines ! » L'observateur cependant continue tranquillement.

En un clin d'œil, les hommes sont en ligne devant les voitures; sept ou huit feux de salve nourris font reculer et disparaître l'aéro.

— Il l'a senti passer, dit l'un.

— C'est une musique qu'il n'aime pas, ajoute l'autre.

Les hommes reprennent leur place; Tourtay continue son observation.

Pour finir, voici la note comique :

Une section de chasseurs à pied surprend dans une tranchée inondée un soldat allemand affolé, grelottant.

— Ne me fusillez pas, j'ai une femme et trois enfants.

On lui donne une miche de pain, un quart de café chaud. L'Allemand demande alors trois minutes... et ramène d'une autre tranchée 40 Allemands prisonniers :

— Je leur ai montré le pain que vous m'avez donné, ils m'ont suivi sans hésiter.

DOUZIÈME ENTRETIEN

Les enfants martyrs (suite)

I

Mes chers Enfants,

Un carnet d'escouade tenu par un officier allemand nommé Rudorff, a été pris le 9 septembre 1914 par un dragon français à Coulgis près de Marchais. Au milieu d'une énumération monotone de marches, d'étapes et de bivouacs, une phrase à la page 3 se détache soudain dans son laconisme effrayant et sinistre, la voici :

« On a recommencé à fusiller les paysans, aussi bien que les femmes et *les enfants*. A la vérité, c'était répugnant, mais nécessaire. »

Cet aveu cynique en dit long sur les cruautés allemandes : fusiller les innocents, chez eux c'est une habitude de la guerre, on cesse, puis on recommence!...

A Blamont, les Allemands, sans aucune raison et sans qu'ils aient été molestés par la population, ont mis à mort une jeune fille, avec sa famille et M. Barthélemy, ancien maire de Blamont.

C'est à Domèvre, un petit village de Lorraine, un enfant, Maurice Claude, à peine âgé de 15 ans, reçut des Allemands trois blessures affreuses.

Quelles furent les tortures endurées par ce pauvre petit? Quel affreux traitement les barbares lui infligèrent-ils? Nous ne pourrons le dire que plus tard lorsqu'il sera permis de tout dire... Qu'il suffise, pour le moment, d'indiquer que là, comme partout, les Allemands se conduisirent avec la plus cynique lâcheté contre les habitants.

Claude est à l'ambulance, les Allemands ont refusé à sa mère de le soigner, d'apaiser ses souffrances sous des baisers. Maurice Claude va mourir... Le colonel allemand vient le voir. En français, il lui demande :

— Eh bien, mon ami, vous ne souffrez plus maintenant?...

L'agonisant tourne péniblement la tête. On sent qu'il rassemble toutes ses forces. Et très fier, les yeux fixés sur les yeux de cet ennemi et refusant sa pitié, il jette haletant :

— Je n'ai jamais souffert... je meurs pour ma patrie!...

Et il acheva de mourir en murmurant : « Vive la France! »

II

Ne nous lassons pas, mes chers enfants, de tourner les feuillets du martyrologe des petits enfants.

Un ouvrier peintre habitait Walcourt, non loin de Charleroi, avec sa femme et sa fillette, une jolie blondinette de six ans. Sa maison a été complètement saccagée, ses pauvres meubles réduits en miettes par les Allemands. Un détail précis et qui indique bien la bassesse et la lâcheté du caractère teuton. La fillette avait avec elle une chèvre et un petit chevreau qu'elle aimait plus particulièrement; en voyant les envahisseurs elle les supplia à genoux de ne pas faire de mal à la bête qu'elle gardait près d'elle, en la caressant. A peine cette prière était-elle adressée que les sauvages à casque pointu transperçaient de part en part le chevreau à coups de baïonnette, puis s'emparant de l'enfant ils allaient l'enfouir sous une énorme meule de paille; quelques instants après roué de coups de crosse, le père venait arracher son enfant à la mort.

— J'ai sous les yeux, dit un rédacteur du *XX⁰ Siècle*, une lettre de faire part navrante. Trois petits enfants y annoncent le mort de leur père et mère et de leur sœur. Voici les faits :

« Quand les Allemands entrèrent à Dinant, ils firent prisonniers un certain nombre d'habitants et les menèrent, le lendemain, près de la Roche-à-Bayard, où ils les fusillèrent. Au nombre de ces malheureux se trouvait la famille Burnot dont les deux enfants aînés étaient en pension et durent à cette circonstance d'échapper au massacre. Pour marcher au supplice, avec sa femme et ses trois autres enfants, M. Burnot avait pris dans ses bras sa cadette, âgée de moins de trois ans, et, quand la fusillade éclata, il la serra étroitement sur son cœur. La fillette tomba, sans aucune blessure, sur le cadavre de son père, et fut recueillie quelques heures plus tard...

Ah! mes chers enfants, comme vos cœurs sont justement émus de ces récits où se rencontre à côté de l'attitude sublime des victimes la plus lâche cruauté des bourreaux!...

LECTURE

Le serment de l'Hindou

Un correspondant du *Times* visitant une ambulance indienne, entendit conter l'histoire suivante, qui prouve à quel point le serment est chose sacrée chez les Hindous.

Wariam Singh était en permission dans l'Inde, quand son régiment fut mobilisé. Par une nuit très chaude, il était assis près de la fontaine de son village, lorsque arriva le courrier portant la nouvelle que le ... d'infanterie allait partir pour se battre en Europe contre une certaine race d'hommes blancs. Il fit alors spontanément le serment que, quoi qu'il pût arriver dans cette guerre, dont pourtant il ignorait la cause, il ne reculerait jamais.

Posté, ces jours derniers, en première ligne, et ayant à faire manœuvrer une mitrailleuse, il dut, ainsi que son bataillon, résister à une vigoureuse attaque. A un certain moment, les Allemands ayant envahi les tranchées de gauche et celles de droite, la tranchée de l'Hindou fut prise en enfilade par le feu ennemi. Deux de ses officiers venaient d'être tués et la ligne entière fléchissait, quand arriva l'ordre formel de la retraite.

Pressé de suivre le mouvement, Wariam Singh déclara :

— Je ne peux pas : j'ai juré.

Et, stoïquement, il demeura seul à côté de sa mitrailleuse, qu'il continuait à manœuvrer.

« Bientôt, dit le blessé qui contait cet exploit, les cadavres allemands jonchaient le sol autour de lui, tels les cailloux dans le lit du torrent. »

Mais l'ennemi revint en force, et l'Hindou fut tué. On retrouva son corps allongé au pied de sa mitrailleuse, au milieu des cadavres ennemis. Wariam Singh avait tenu son serment.

**

Un réquisitoire bien documenté

Londres, 14 septembre. — Le correspondant du *World*, de New-York, a visité les lignes allemandes en Belgique et a eu un entretien avec le général von Bœhn, commandant la neuvième armée en campagne.

Ce correspondant, M. Powell, a mis à un moment la conversation sur les excès et les cruautés reprochés aux Allemands.

— Ce ne sont que des mensonges, s'est écrié tout de suite le général. Regardez ces officiers autour de vous, ce sont des gentlemen, comme vous. Voyez ces soldats qui défilent sur la route; la plupart d'entre eux sont des pères de famille. Vous ne croyez sûrement pas qu'ils aient commis les actes dont on les accuse !

— Il y a trois jours, répondit le correspondant, j'étais à Aerschot. La ville tout entière n'est plus qu'un sombre amas de ruines sanglantes.

— Quand nous sommes entrés à Aerschot, le fils du bourgmestre vint dans la pièce où j'étais, tira son revolver et tua mon chef d'état-major. Ce qui suivit ne fut qu'un châtiment. Les habitants n'ont eu que ce qu'ils méritaient.

— Mais pourquoi faire porter votre vengeance sur les femmes et les enfants ?

— Aucun de ceux-ci n'a été tué, affirma le général.

— Je regrette de vous contredire, riposta M. Powell

avec fermeté, mais j'ai vu moi-même des cadavres de femmes et d'enfants mutilés. Et il en est de même de M. Gibson, secrétaire de la légation des Etats-Unis à Bruxelles, qui a assisté à la destruction de Louvain.

— Oui, évidemment, fit le général. Les femmes et les enfants courent toujours le risque d'être tués pendant les combats dans les rues, s'ils s'obstinent à sortir de chez eux. C'est malheureux, mais c'est une conséquence de la guerre.

— Ah ! s'écria le journaliste américain. Et le cadavre de femme ayant les mains et les pieds coupés que j'ai vu ? Et le vieillard à cheveux blancs et son fils, que j'ai aidé à enterrer près de Sempstad, où ils avaient été tués tout simplement parce qu'un Belge qui battait en retraite avait tué un soldat allemand devant leur maison ? Le vieillard avait reçu vingt-deux coups de baïonnette dans la figure; je les ai comptés. Et la petite fillette de deux ans qui fut tuée d'un coup de feu, dans les bras de sa mère, par un uhlan, et dont j'ai suivi les obsèques à Heyst-Op-Den-Berg ? Et le vieillard pendu par les mains aux poutres de sa maison et qu'on a brûlé vif en allumant un brasier au-dessous de lui ?

Cet énergique réquisitoire, bourré de faits précis, déconcerta complètement le général allemand, qui en fut réduit à s'excuser personnellement, en disant qu'il faisait tout son possible pour protéger les non combattants et en ajoutant que les Zeppelins avaient l'ordre de ne lancer des bombes que sur les fortifications et les soldats.

TREIZIÈME ENTRETIEN

Les enfants martyrs (*suite*)

1

Un petit garçon de sept ans du bourg de Magny (Alsace) s'amusait à mettre en joue une patrouille allemande avec son fusil de bois, a été tué brutalement sur place devant sa pauvre mère désespérée.

Ce cher petit a été immortalisé par le poète Miguel Zamacois.

Cette poésie mérite sa place dans tous les recueils.

Sept ans

> Les Allemands ont tué un petit garçon de sept ans, qui les avait mis en joue avec son fusil de bois.
> « *Les journaux.* »

C'est un petit garçon... C'est un petit bonhomme
Heureux de rien... de tout... d'un bâton, d'une [pomme...
Un petit garçon de sept ans...
Il a des yeux rieurs, des cheveux en crinière;
Il est fier, car depuis la semaine dernière
Il sait siffler entre ses dents!

Nous le connaissons bien : Il méprise « les filles »;
Sa poche n'en peut plus de ficelle et de billes;
    De tout un bagage enfantin;
Il montre quatre sous qu'il croit être une somme;
Rit du matin au soir; et ne fait qu'un grand somme
    Depuis le soir jusqu'au matin.

Des amusements neufs on n'en invente guère !
Etant petit garçon, il s'amuse à la guerre
    Comme tous les petits garçons !
Il s'amuse d'instinct à défendre sa terre,
Et partage déjà la haine héréditaire
    Pour ceux-là que nous maudissons.

Or voici qu'un matin, à travers le village,
Passent les ennemis, avec tout l'étalage
    De leurs procédés révoltants...
On se bat ? C'est l'assaut du droit contre la ruse ?
Bah ! Est-ce une raison pour ne plus que s'amuse
    Un petit garçon de sept ans ?

Et parce qu'il faut bien, à sept ans, que l'on joue,
Du côté des soldats le petit met en joue
    Son fusil de bois menaçant...
Un Français eût souri du geste minuscule,
Et peut-être singé l'ennemi qui recule
    Pour amuser cet innocent !

Vous, salissant d'un coup toute votre campagne,
(Mais vous n'avez donc pas d'enfants, en Allemagne ?)
    Pour montrer que vous étiez si forts
Vous avez dirigé contre l'arme enfantine,
Qu'il allait déposer pour prendre sa tartine,
    Les vrais fusils qui font des morts !

S'il est vrai, Majesté, ce crime que l'on raconte,
Comme il pèsera lourd le matin du grand compte
    Pour le débiteur aux abois !
Comme il pèsera lourd lorsque dans le silence
Une main posera l'enfant dans la balance,
    Et son petit fusil de bois !

                        Michel ZAMACOIS.

II

La commission belge chargée de l'enquête officielle ordonnée par le gouvernement sur les atrocités allemandes, a établi avec preuves à l'appui un grand nombre d'assassinats. Les noms des victimes et les pays qui ont été les théâtres de ces crimes seront publiés plus tard lorsqu'il n'y aura plus aucune crainte de représailles.

Voici quelques faits :

Une femme et sa fillette de douze ans ont été été arrachées d'un égout où elle se cachaient : elles ont été fusillées sur-le-champ.

Un enfant de neuf ans dans le même village a été fusillé.

Un enfant de quinze ans a été ligotté, puis lardé à coups de baïonnettes, il est mort dans des souffrances horribles.

A *Termonde* (Belgique), il y eut un immense incendie allumé par les soldats allemands à l'aide d'essence de pétrole. En moins de deux heures toute la ville fut en flamme. On mit le feu aux écoles, orphelinats, couvents, hospices. Quantité de vieillards et d'enfants furent brûlés vifs.

A *Bierwaërt*, des Allemands ont tué des enfants, garçons et fillettes, avec une rage toute bestiale.

Il en fut de même à *Overshespen*, à *Rumsdorp*, à *Lumeau*, à *Zechlem* où tous les habitants ont été hachés, entourés de paille et allumés comme des torches ou fusillés à bout portant.

Le Figaro a reproduit, d'après le journal *la Stampa*, ce récit effroyable du crime d'un officier allemand :

A *Douvres*, près d'Anvers, un officier allemand avait arrêté un ouvrier belge. La femme du malheureux pleurait, réclamant son mari :

— Nous avons huit enfants, si vous enlevez notre unique soutien, comment pourrons-nous vivre?

L'officier répondit :

— Je vois que vous avez huit enfants. Mais j'ai un remède!... Il fait disposer les huit enfants contre un mur et ordonne aux soldats de tirer. Quand le cinquième enfant tombe sous les balles allemandes, l'officier se tourne vers les parents, terrorisés, et leur dit :

— Maintenant, vous n'avez plus que trois enfants, le problème est résolu.

Il faut espérer que le nom de cette brute infâme sera connu, mais déjà cet officier n'a-t-il pas expié son crime? La justice de Dieu et la malédiction des parents ont dû le poursuivre sans cesse.

On emploie, en France, les prisonniers allemands dans certaines industries et dans les fermes, pour des travaux divers. Dans une ferme que nous connaissons, pendant la moisson dernière, un prisonnier paraissait constamment inquiet et se retirait à l'écart. On l'interrogea. Voici sa réponse : « Je ne puis me consoler, j'ai assassiné une femme et un enfant et je suis moi-même époux et père. Mais, mon officier, le revolver menaçant, m'avait forcé d'accomplir ce meurtre. »

LECTURE

Un aéroplane sur Paris

Un taube a survolé Paris un dimanche, avant midi, et a jeté plusieurs bombes qui semblèrent viser la tour Eiffel. L'une d'elle est tombée avenue du Trocadéro, à l'angle de la rue Freycinet, déterminant une excavation de 12 à 15 centimètres; des éclats de l'engin ont atteint au cou, à la tête et à la poitrine M. Hocquet, notaire, 5, quai Voltaire, qui traversait à ce moment l'avenue. Le malheureux a succombé à l'hôpital Beaujon.

D'autre part, une petite fille, Denise Cartier, dont les parents demeurent 5, rue de la Manutention, a eu la jambe droite coupée au-dessous du genou; l'enfant a été transportée à Beaujon.

D'autres bombes sont tombées dans le même quartier; l'une sur un mur qui sépare deux jardins; une autre dans un jardin, avenue Jules-Janin; une autre encore rue Desborde-Valmore, mais n'a fait qu'éclater en l'air; enfin une cinquième s'est abattue dans le bois de Boulogne, près de la porte d'Auteuil, blessant une vache. Ce retour offensif des avions allemands n'a causé aucun émoi aux Parisiens, qui ont profité du beau temps pour aller en foule au bois.

*
**

Le numéro 6 et le numéro 12

Le 6, c'est à Beaujon, dans un lit bien blanc, une fillette brune; un petit pruneau, prétend sans méchanceté une voisine.

Moi, je trouve que c'est plutôt un chérubin reposant sur ses ailes.

Denise Cartier, l'héroïne de treize ans, dont une bombe de « taube » a broyé la jambe.

Oh ! les ignobles brutes qui font du mal à nos enfants. Je prierais Dieu de les punir en martyrisant les leurs, si ce n'étaient des douleurs d'innocents qu'il faut toujours épargner.

Denise, la douce fillette, est grave ; elle dit naturellement des mots qui sortent de son merveilleux cœur, formé parmi les nôtres, et sans le moindre souci d'enrichir l'histoire d'une parole noblement frappée.

Sa première pensée formulée, alors qu'elle souffrait abominablement, a été pour sa mère.

— Dites-lui que ce n'est rien, elle aurait tant de peine !

On amputa, au-dessus du genou, cette frêle jambe blanche que l'obus infâme avait empourprée, comme de roses rouges sur le drap d'un cercueil d'enfant.

Mais on ne l'avait point prévenue ; elle vient seulement de connaître la vérité et savez-vous comment elle l'a accueillie ?

Elle a exprimé son regret de ne pas avoir appris d'avance le sacrifice qu'elle allait faire à la patrie.

Et je vous jure que ce n'est point une phrase ; elle pense ce qu'elle prononce, comme sa maman, très douce, assise à son chevet aussi longtemps que le règlement l'autorise et qui disait :

— Je n'ai pas de fils, mon mari n'a plus l'âge de se battre ; je me croyais tranquille et...

Mais un regard de sa fille, expressif ineffablement, fit qu'elle n'acheva point.

Le lit de Denise Cartier porte le numéro 6 ; au numéro 12, tout près de là, une fillette, un diable remuant, plus que ne le souhaiteraient les infirmières.

C'est la marchande de sept ans qui vendait des journaux place Pereire. Une auto a brisé son pied mignon. On la guérira ; en attendant, elle a beaucoup de mal à être sage.

Mais Denise est sa voisine, une amitié est née entre ces deux exquises victimes.

On comble Denise de cadeaux, on lui a envoyé, notamment, une belle poupée et elle la prête au numéro 12 enchanté.

Car, laissez-moi parler en mon nom, je ne suis chargé de rien; Denise est tout de même un peu grande pour jouer à la poupée, elle a treize ans et son héroïsme la fait encore plus âgée.

Donc, si vous vouliez la rendre heureuse, je crois que vous devriez lui envoyer des livres; elle adore la lecture et on les lui retirerait si elle lisait jusqu'à se fatiguer.

CADET DE PARIS.

QUATORZIÈME ENTRETIEN

Les mains coupées

I

Mes chers Enfants,

Parmi les horribles supplices que la cruauté du paganisme avait imaginé pour faire apostasier les chrétiens, l'histoire a révélé des forfaits inouïs : la dent des tigres et des lions, les torches enflammées des jardins de Néron, l'ensevelissement d'êtres vivants; l'eau glacée, le feu, les cages de fer, la flagellation, les cachots obscurs et le supplice de la faim, etc., etc. Mais nous n'avons jamais rencontré le supplice des *mains coupées* à de jeunes garçons, pour qu'ils ne puissent devenir plus tard des soldats, défenseurs de leur patrie et vengeurs des crimes commis.

Il était réservé aux Allemands d'imaginer contre les enfants de France, de Belgique et de Pologne, cet atroce attentat qui fait frémir.

Le nombre des petits garçons aux mains coupées et

victimes d'autres horribles douleurs a été considérable pendant les premiers mois de la guerre, quand s'opérait l'envahissement progressif de la Belgique et du Nord de la France. La censure a supprimé certains récits par crainte de représailles contre les témoins.

Cependant on a laissé circuler en Belgique une carte postale représentant une œuvre émouvante d'un de leurs meilleurs sculpteurs : C'est un petit enfant élevant vers le ciel des moignons sanglants, ses mains ont été coupées. Elle est intitulée : « *L'enfant belge* » et la reproduction porte cette légende : Voilà comment le traita un peuple qui se disait prédestiné à sauver le monde.

Nous raconterons des faits authentiques sur des témoignages dignes de foi.

Une mère réfugiée de Belgique est arrivée dans une des communes de la Touraine avec son petit garçon de 8 à 10 ans, frappé d'une sorte de stupeur qui le rendait très défiant et presque muet. Voici ce qu'elle raconte :

« Dans une petite ville où j'habitais, les Allemands avaient déjà poursuivi de leur férocité les petits garçons. Je savais par les rumeurs qui nous venaient d'autres pays envahis, que des soldats ivres et furieux d'avoir à se défendre à chaque instant contre nos troupes, mettaient à mort les enfants, les mutilaient et parfois leur coupaient avec leurs sabres les deux mains ou même la seule main droite.

« Je pris mon petit garçon et je lui dis que j'allais l'habiller comme une petite fille, il commença par pleurer, mais je lui persuadai que ce déguisement passager le ferait échapper à la mort et il céda. Ses cheveux blonds et bouclés furent disposés comme ceux d'une fillette. Je l'habillai comme les petites filles du quartier et bientôt il fut méconnaissable.

« Le pauvre chéri sur le seuil même de notre maison qui donnait sur une petite place, vit les soldats poursuivre un de ses petits camarades et lui briser les poignets.

« Il poussa un grand cri et s'évanouit. Quelques heures après, je m'enfuis avec le petit et des personnes charitables nous aidèrent à sortir du territoire envahi.

« Nous sommes ici en France comme réfugiés. Voyez mon petit garçon, comme ses yeux paraissent égarés! il parle à peine et souvent il est saisi de frayeur; la nuit, il se réveille en sursaut tout en larmes.

« Plusieurs autres enfants, du reste, comme lui, ont contracté la danse de Saint-Guy par suite de l'extrême frayeur. »

Voilà le récit de la mère, chers enfants! De loin adressez à ce petit camarade vos témoignages d'amitié et de compassion.

II

Vous vous demandez peut-être, si de telles atrocités ont été bien constatées. La commission belge, nous l'avons dit, a établi des faits nombreux et bien prouvés.

La commission française chargée de procéder à une enquête dans les départements français a présenté un rapport très documenté au président du Conseil des ministres, M. Viviani. Elle était composée de MM. Georges Payelle, premier président de la Cour des Comptes, Armand Mollard, ministre plénipotentiaire, Georges Maringer, conseiller d'Etat, et Edmond Paillot, conseiller à la Cour de Cassation. Elle ne saurait être suspecte. Les témoignages recueillis sous la foi du serment ont été rigoureusement contrôlés avec les preuves indiscutables et documents photographiques à l'appui. Le dossier publié par le *Journal officiel* constitue l'histoire la plus monstrueuse qui se puisse lire. C'est une véritable galerie d'horreurs : pillages, vols, incendies à l'aide de pastilles infernales et de pompes à pétrole, assassinats de femmes, d'enfants, de prêtres, de soldats blessés, mutilations, attentats, sacrilèges, etc...

Les drapeaux allemands sont à jamais souillés. On ne peut lire sans frémissement les 42 pages atroces du document officiel.

Chers enfants, apprenez par là à admirer et à glorifier les nobles victimes, mais flétrissez en même temps leurs bourreaux.

LECTURE

La sauvagerie allemande

Signalons de nouveaux actes de sauvagerie commis par les troupes allemandes.

A Blamont, ce village dont les Allemands viennent d'être chassés par nos troupes, ils ont, sans aucune raison et sans avoir été provoqués, mis à mort trois personnes, dont *une jeune fille* et un vieillard de 86 ans, M. Barthélemy, ancien maire de Blamont. (*Communiqué.*)

***

BRUXELLES. — Le bourgmestre de Linsneau écrit à l'*Indépendance belge* :

« Des hussards allemands avaient été surpris par des soldats belges qui leur tuèrent un officier et capturèrent un cavalier.

« Les soldats belges reçurent ensuite l'ordre de se replier sur Tirlemont.

« Un détachement de 200 uhlans arriva avec trois mitrailleuses et accusa les habitants du meurtre de l'officier ; deux habitants furent passés par les armes. Dans une maison, les uhlans égorgèrent un homme et une femme, incendièrent la maison et lancèrent les cadavres dans les flammes en présence des fils des victimes ; ils incendièrent dix fermes, tuèrent encore deux personnes, pillèrent les autres maisons et obligèrent la population masculine à aller prêter serment sur le corps de l'officier tué, forçant à coups de baïonnette les hommes à se mettre à genoux.

« Un habitant qui fuyait fut frappé de deux balles

et succomba. Les Allemands faisaient passer les habitants devant la bouche des mitrailleuses en leur disant que, dans un instant, ils allaient s'enlever en morceaux dans l'espace, puis ils les mettaient en joue avec leurs revolvers et tiraient de façon à ce que la balle effleurât les oreilles et les emportât. Tous ces actes étaient commis en présence d'un officier. Ces uhlans attelèrent une dizaine d'habitants parmi lesquels le garde-champêtre à leurs mitrailleuses; quelques-uns de ces habitants, ne pouvant suivre, furent attachés par les pieds, leur tête heurtant les pavés.

« Dans un village voisin, trois hommes ont été fusillés; dix autres personnes, dont on ignorait le sort, ont été retrouvées quelques jours après; elles avaient succombé aux mauvais traitements. »

***

Nous voulons ajouter à ces faits authentiques le récit qui nous a été fait très récemment.

Un soldat français, venu en permission, certifie avoir vu, près du cadavre de sa mère, un bébé montrant le poing à un Allemand prisonnier qu'il venait de reconnaître, et lui criant :

— Toi, vilain méchant, tu as fait bobo à maman !...
N'est-ce pas horrible ?...

QUINZIÈME ENTRETIEN

« Elles ne repousseront plus ! »

Lisez avec attendrissement :

Histoire vraie

— Repousseront-elles ? interroge l'enfant, les yeux fixés sur le visage du major qui vient de la panser.

Tant de candeur, de naïveté touchante remue profondément le docteur X...

Un léger tressaillement sous la rude moustache indique l'intensité d'émotion provoquée par la question inattendue. Mais la fillette, anxieuse, observe; alors d'une voix raffermie, le chirurgien répond :

— Certainement oui, si tu te laisses bien soigner!

Dans les yeux bleus l'espoir surgit, et le sourire heureux du minois enfantin vient absoudre le pieux mensonge.

Vers la malade, le grand frère, un adolescent de quinze ans, se penche, baise longuement les poignets mutilés.

Il sait bien, lui, que les jolies menottes tombées sous le sabre des brutes ne serreront plus les siennes, ne berceront plus de poupées, ne tiendront plus de friandises.

Cinématographiquement, dans sa pensée se déroule le spectacle affreux : l'arrivée au logis, la maison en flammes, le père fusillé, la mère clouée au mur, les cris rauques de l'aïeul succombant à l'asphyxie et, près de deux pauvres choses sanglantes, le corps inerte de Jemma. Ses cinq ans n'ont pu la soustraire à la fureur des fauves en mal de carnage et de dévastation. Puis c'est la course folle dans la nuit avec le petit être hâtivement ramassé. Au loin le canon tonne, partout les balles sifflent. Sans souci du danger, serrant contre son cœur le précieux fardeau, il marche, marche encore, jusqu'à l'ambulance, où il défaille en arrivant.

Au souvenir de ces horreurs, une colère vengeresse l'étreint tout entier. Jemma semble endormie; le médecin achève l'ordonnance; Jean va rejoindre les soldats. Sa décision est prise : il sera volontaire.

Sur le seuil, le docteur recommande :

— Surtout qu'elle ne sache pas, la déception serait terrible! Laissez-lui croire au moins qu'*elles* repousseront!

Il sort, appelé vers d'autres devoirs.

Jemma ne dormait pas, Jemma a tout surpris et les candides yeux où la désespérance a remplacé la foi se remplissent de larmes. Le petit cœur gonflé éclate en gros sanglots. Un appel jaillit!

— Maman, maman, maman!

Oh! le poignant chagrin! Oh! les pleurs brûlants que plus jamais, hélas! la mère ne séchera.

La commotion violente causée par la révélation brusque a bien vite brisé, vaincu, la résistance de ce frêle organisme.

Les cris éperdus cessent. L'enfant soulève un peu les bras emmaillotés. Son doux regard empli d'une détresse immense semble lire l'arrêt. Et cette fois, saisie de terreur, d'épouvante, elle retombe anéantie.

**

Rien ne peut la sortir de cet abattement, ni le retour de Jean, ni sa métamorphose. Le tout petit soldat, fier de son uniforme, en demeure atterré.

Vainement sa voix chère prodigue des tendresses. Consolantes paroles, promesses illusoires resteront sans effet.

Jemma ne l'entend plus. Indifférente à tout, inconsciente même, elle s'éteint doucement.

Avec obstination, les yeux déjà vitreux scrutent l'épais bandage des membres amputés.

La bouche mignonne se crispe, la vérité décevante l'obsède.

Alors comme un écho lointain, toute la douleur profonde de petite âme d'enfant s'exhale avec le dernier souffle, dans ce faible murmure :

— Elles ne repousseront plus!

Ainsi mourut Jemma Helmackers, née à Aerschot (Belgique), le 20 décembre 1908.

G. STÉNY.

LECTURE

Le petit aveugle

— C'est une infirmière, femme d'un officier, qui nous demande de nous intéresser « à son petit blessé ».

« Ce petit blessé est aujourd'hui aveugle; il est orphelin, seul au monde. C'est un colonial, courageux, animé des plus nobles sentiments. Il a sauvé son lieutenant. Une lettre de celui-ci en témoigne, une lettre admirable de reconnaissance dans laquelle l'officier appelle ce brave soldat « mon frère » et lui offre son foyer. Blessé, le lieutenant fut emporté par mon petit protégé sous la mitraille, mis en sûreté dans une ambulance; puis le brave colonial revint au feu et reçut l'horrible blessure qui le prive à jamais de la vue. C'est à Vitry-le-François, le 5 septembre, qu'il reçut le coup de feu. Le lieutenant, rétabli, est retourné au feu, après avoir été nommé capitaine et cité deux fois à l'ordre du jour. Le petit aveugle a quitté l'hôpital depuis un mois; il est chez moi pour quelque temps. Il s'est attaché à moi, à mes enfants, et notre affection l'a sauvé d'un désespoir bien naturel. Je l'aime comme un fils et sa nature est exquise. Il a une convalescence de trois mois; puis, il sera réformé avec une petite pension et il ira dans la famille de son officier. En attendant, il est sans ressources; notre situation est des plus modestes et il faut nous occuper de le vêtir d'effets civils. »

C'est entendu... Nous ajouterons que celle qui nous écrit cette lettre est la femme d'un officier d'artillerie qui, retraité, est reparti pour le front. Le 1er novembre, son mari recevait une si grave blessure par éclat d'obus que l'amputation de la jambe droite dut être faite. Hors de danger aujourd'hui, il vient d'être nommé chevalier de la Légion d'honneur.

Ainsi, mes chers enfants, voilà encore pour vous une bonne œuvre qui vous vaudra de payer à votre petit camarade une partie de la dette que la Patrie a contractée vis-à-vis de lui.

*
* *

Un jeune héros reçoit la médaille militaire

Brest, 17 août. — Le chef de bataillon Lague, commandant d'armes à Morlaix, a remis, hier, sur la place Cornic, en présence des troupes, la médaille militaire au jeune boy-scout Yves Mevel qui, parti à seize ans sur le front avec un bataillon du 72° d'infanterie, a été grièvement atteint de six balles, dont une lui a crevé l'œil droit, et il a entonné la *Marseillaise*.

Le père et la mère de Mevel sont venus, après l'accolade du commandant, embrasser leur fils. L'infirmière qui a soigné Mevel, à l'hôpital 101 des Femmes de France, à Paris, lui a également donné l'accolade et remis une magnifique gerbe de fleurs. Les officiers de la garnison sont venus féliciter le jeune guerrier. Les troupes ont ensuite défilé devant le nouveau médaillé militaire.

SEIZIÈME ENTRETIEN

La prière de la petite fille aux mains coupées

> Dans un hôpital du Nord. — Une fillette de six ans, les deux bras emmaillottés de pansements, s'est agenouillée, pour sa prière du soir. Elle parle tout bas, si bas que personne ne pourrait entendre ce qu'elle dit :

Seigneur, je n'ai plus de mains!

Un cruel soldat allemand me les a prises, en disant que les enfants belges et français n'avaient pas le droit d'avoir des mains, que ce droit appartenait seulement aux enfants des Allemands. Et il me les a coupées. Et cela m'a fait beaucoup de mal. Mais le soldat riait, en disant que les enfants qui ne sont pas Allemands ne savent pas souffrir.

Depuis ce jour-là, Seigneur Dieu, maman est folle, et je suis toute seule.

Papa a été emmené par les soldats allemands, le premier jour. Il ne m'a jamais écrit. Il doit avoir été fusillé, comme ils ont fait avec le papa de mes petites camarades, Denise, Jeanne et Françoise..

Seigneur, je suis sans parents, sans maison, sans mains. Je ne puis même plus faire ma prière comme on m'avait appris, puisque mes deux bras sont comme deux bâtons, puisque je n'ai plus de mains à joindre devant vous.

Seigneur, écoutez-moi tout de même. Je suis une petite fille si malheureuse!

Voilà ce que je veux vous demander aujourd'hui :

Ce n'est pas que maman ne soit plus folle. Au contraire, il faut qu'elle reste folle, puisque sa folie c'est de dire que mes mains sont les plus jolies mains d'enfant qu'elle connaisse; qu'elles sont les reines des petites mains d'enfant; qu'elle va les habiller de soie, mais qu'elle voudrait les voir un peu plus blanches, un peu moins rouges...

Si maman retrouvait la raison, elle verrait que je n'ai plus de mains, et elle serait trop malheureuse.

Seigneur, je ne vous demande pas non plus que mon cher papa revienne. Je sais bien que les papas que les Prussiens ont emmenés ne reviennent pas...

Seigneur, écoutez la prière d'une petite fille à laquelle les Allemands ont pris ses parents, sa maison, ses mains!

Ecoutez-la!

Je vous demande de couper les mains de la petite fille de l'empereur des Allemands. On m'a dit à l'école, quand il y avait une école dans le village, que ce méchant roi avait un fils, aussi barbare que lui, et que son fils avait une fille, qui doit être de mon âge.

Seigneur, je vous demande de couper les mains à cette petite fille, dont le papa et le grand-père font souffrir les enfants des Belges et des Français.

Elle doit se servir de ses mains comme toutes les petites filles du monde, pour jouer à la poupée, pour faire des boucles avec les cheveux et la moustache de son grand-père, pour caresser la joue de sa maman.

Seigneur, coupez-lui les mains! Je ne vous demande pas de me les donner pour remplacer celles qu'un soldat allemand m'a prises.

Non!

Je vous demanderai de les envoyer à son grand-père, au chef de tous ces soldats allemands, et de lui dire que c'est vous, le Maître de tous les soldats du monde, de tous les hommes, de tous les empereurs, que c'est vous, mon Dieu, qui avez coupé les mains à sa petite-fille, pour lui apprendre combien cela fait mal aux enfants, aux grands-pères et au bon Dieu.

. . . .

Le matin, après une nuit entrecoupée de réveils terribles, de cauchemars effrayants, l'enfant appelle la Sœur infirmière.

L'Enfant. — Ma Sœur, est-ce que ça met longtemps pour arriver au ciel, une prière?

La Sœur. — Mais non. Généralement, le bon Dieu les reçoit tout de suite. Il a l'oreille si fine!...

L'Enfant (*après un instant de réflexion*). — C'est dommage!

La Sœur. — Pourquoi?

L'Enfant. — Parce que, hier, je lui ai dit quelque chose que je voudrais bien rattraper maintenant.

La Sœur. — Qui sait? Hier soir, le temps était si mauvais, la pluie tombait si fort... Peut-être ta prière s'est-elle trouvée retardée. Tu pourrais en envoyer une autre, ce matin. Comme le ciel est tout bleu, je pense que celle-ci arrivera en même temps que l'autre.

<blockquote>L'enfant, sans répondre, ferme les yeux, et, très vite, au dedans d'elle-même, corrige ainsi sa prière de la veille :</blockquote>

Seigneur, j'ai réfléchi... Ce serait très mal de faire souffrir la petite-fille du cruel empereur des Allemands. Ce n'est pas sa faute, à elle, si son grand-père et son papa ont dit de couper les mains aux enfants des Belges et des Français. N'exaucez pas ma prière d'hier soir!

Contentez-vous de couper les mains à la poupée de la petite impératrice, qui doit avoir mon âge, et de lui dire que c'est comme ça qu'on a fait avec une petite fille française... qui va en mourir de chagrin!...

André MULLER.

Mes chers enfants, cette touchante histoire a été composée à votre intention pour mieux vous faire comprendre la sublimité du sacrifice des enfants de votre âge dont le sang pur a été répandu pour la patrie, il a une efficacité de rédemption comme le sang de nos vaillants soldats tués à l'ennemi.

LECTURE

L'enfant de l'escadron

On annonçait, récemment, la venue sur la ligne de feu, d'un sergent âgé de soixante-six ans, l'abbé Chambon, du diocèse de l'Allier, — un vétéran de 1870.

Nous avons eu la surprise, ces jours derniers de rencontrer, non loin de nos tranchées, dans l'Oise, un jeune « tringlot », âgé de douze années à peine.

Originaire de Giromagny, cet enfant, dont la mère est morte récemment, avait vu partir, le jour de la mobilisation, son père pour l'armée.

Ne pouvant supporter la solitude, et dans l'espoir de le retrouver, il avait suivi des soldats du 7e escadron du train des équipages. Toutes les menaces pour le faire retourner à Giromagny restèrent vaines, il refusa de quitter ses nouveaux amis.

Touchés par les marques de dévouement et d'affection dont les entourait le petit gars, les soldats l'adoptèrent, lui faisant même confectionner à sa taille un uniforme complet. Ils l'armèrent, de plus, d'une carabine.

« Il n'est pas seulement dévoué, notre lascar, nous dirent en riant ses « compagnons d'armes » attendris; c'est aussi un débrouillard et un courageux. Jamais il n'a tremblé lorsque l'ennemi saluait notre arrivée sur le front par une grêle de mitraille.

« Un jour même, notre « petit lapin » — c'est ainsi qu'on le désigne entre nous — a fait le coup de feu contre les uhlans. Il fut très crâne et tira bien.

« Enfin, on peut lui confier, en toute sécurité, la conduite d'un fourgon. Il est devenu l'enfant gâté de l'escadron. »

La police parisienne a vainement tenté, un jour, de ramener ce courageux enfant chez lui.

« Soldat je suis, leur a déclaré fièrement le jeune « tringlot », soldat je resterai tant qu'il y aura un « boche » à combattre. »

Et la police n'insista pas.

*
**

Quatre petites filles

Une jeune femme est venue trouver un journaliste et lui a dit :

— Je viens de rentrer à Paris, je suis veuve, et je vis seule avec ma fille, — ma fille a trois ans et demi, — dans un assez grand appartement. Alors, dans mon salon (on n'a pas besoin de salon, en ce moment), j'ai fait installer quatre petits lits. Et si vous connaissez quatre petites filles, à peu près du même âge que la mienne, des petites filles de Belgique, ou des pays évacués, ou qui ont perdu leurs parents, ou dont le père est à la guerre, pendant tout le temps de la guerre je puis les garder chez moi, avec moi, et les soigner comme si j'avais cinq petites filles au lieu d'une...

Je ne me lasse pas d'admirer ces formes sans cesse renouvelées de l'esprit de sacrifice et de dévouement.

C'est bien le miracle de cette guerre, que tous les cœurs en auront été frappés, et qu'elle nous aura montré ce qu'il y avait de meilleur au fond de ces cœurs, que nous ne soupçonnions même pas : tant d'héroïsme chez ceux qui partent, et, chez ceux qui restent, tant de bonté attentive et ingénieuse...

DIX-SEPTIÈME ENTRETIEN

La journée des enfants le 11 février 1915

I

Mes chers Enfants,

Dans l'élan admirable de prières pour la France qui s'est manifesté partout depuis l'ouverture des hostilités, il convenait qu'une place spéciale fût faite à vous, mes enfants, à vous les privilégiés de Notre-Seigneur. Est-ce que vos voix innocentes n'ont pas une puissance particulière sur le cœur de Dieu?

Sollicité par l'Archiconfrérie de Notre-Dame-des-Enfants, dont le siège est à Châteauneuf-sur-Cher, Mgr l'archevêque de Bourges a proposé aux évêques de France de convoquer, le 11 février, les enfants afin de prier pour la patrie angoissée.

Ce pieux projet a été adopté avec empressement par tous les évêques.

Au jour fixé, les églises s'ouvrirent toutes

grandes pour des flots de petits enfants. Vous vous en souvenez encore, mes chers petits, de cette cérémonie émouvante, car vous y étiez tous. Vous formiez une grande armée bien pacifique, mais cependant puissante par vos milliers de mains jointes élevées vers le ciel pour le supplier, par vos milliers de voix appelant le Dieu des miséricordes et la sainte mère de Dieu au secours de vos pères, de vos frères, de la patrie.

Ce sont les innocents qui, n'ayant rien à expier pour eux-mêmes, peuvent mieux racheter les fautes des coupables.

C'est à ce titre que vous avez été choisis comme *intercesseurs*.

Alors que vos pères et vos grands frères accomplissaient dans les dangers des combats des gestes de chevaliers, dignes de ceux des grandes épopées de l'histoire, vous, chers petits enfants de France, vous apportiez à leur courage un réconfort. Comme vous consolez vos mères qui souffrent des absences forcées de vos pères et de vos frères, vous avez aussi, en ce jour de prières, consolé la France, votre mère commune qui souffre et qui lutte âprement pour vous assurer la paix et la sécurité de toutes vos familles.

Ne vous a-t-on pas rappelé, dans des allocutions faites pour vous, que, par votre âge, vos pieuses dispositions à la piété et l'exemption de fautes graves, vous pouviez être constitués comme sont les *vaguemestres* des régiments, qui sont les porte-messages et les commissionnaires, ou bien comme les *convoyeurs* chargés du ravitaillement? A vous donc d'*intercéder*, et d'*approvisionner* spirituellement par vos mérites acquis les soldats combattants et de *plaider* devant Dieu et devant la Vierge Marie pour obtenir leur préservation sur le champ de bataille.

II

Voici quelle fut votre consécration du 11 février à la Vierge Immaculée de Lourdes.

« O Vierge Immaculée, qui avez daigné en ce jour du 11 février apparaître autrefois à une petite fille pour lui enseigner par votre parole et votre exemple à bien prier et à faire pénitence pour les pécheurs, veuillez du haut du ciel nous sourire et nous bénir et présenter à votre Jésus nos cœurs suppliants.

« Nous vous saluons, nous vous glorifions comme vous saluait et vous glorifiait Bernadette, le chapelet à la main.

« Nous vous aimons comme la mère de Jésus et notre mère.

« Nous vous supplions de protéger nos pères et nos frères combattants pour la France notre patrie et de les ramener près de nous.

« Nous vous demandons de repousser l'ennemi hors de nos frontières et de nous accorder la victoire, la paix, et le retour à la vie chrétienne de toutes les familles françaises.

« Notre-Dame de Lourdes, priez pour nos soldats! »

Vous avez donc bien prié et, dans une communion bien préparée, telle que vous pouvez la faire à votre âge, vous avez parlé doucement et tendrement au Dieu de l'Eucharistie, de ceux que vous aimez et qui combattent. Vous avez fait cortège, dans des processions magnifiques, avec vos bannières, à Jésus bénissant les enfants.

Dans vos adorations vous avez loué et glorifié le divin Sauveur, vous avez chanté de beaux cantiques. Dans les églises d'Alsace reconquises par la France, les petits Alsaciens ont prié et ont chanté comme vous. Je retrouve un cantique plein de naïveté que je reproduis pour vous et pour les petits enfants qui, en 1916, continueront ce que vous avez si bien accompli en 1914. J'y joins une prière à votre usage.

LECTURE

La prière des enfants

REFRAIN

A tes pieds, ils sont venus,
 Les enfants de France.
Daigne exaucer, ô Jésus,
 Leurs vœux ingénus.

Nous voyant paraître,
Autrefois, tu dis,
Laissez jusqu'au maître
Venir les petits.

Dans notre demeure,
Songeant au combat
On souffre et l'on pleure :
Mon père est soldat.

Mon père est un brave,
Il rit du péril;
Mais ma mère, grave,
Dit : « Reviendra-t-il ? »

Si sous la rafale
Il tombait, ce soir,
Percé d'une balle,
Et sans nous revoir...

D'une peine amère
Tous nos cœurs sont pleins.
Veux-tu que la guerre
Nous fasse orphelins ?...

Il n'est point d'obstacle
Pour ton bras puissant,
S'il faut un miracle,
Cède à l'innocent !

Cède, on t'en conjure,
Toi, l'ami des lis,
Pour qui l'âme pure
Est une oasis.

Notre voix te crie,
A travers nos chants,
Hors de la patrie,
Chasse les méchants !

La France est si belle,
Dans son repentir,
Ta main pourrait-elle
Ne pas la bénir ?

Arrière le doute,
Tu nous le défends,
*Dieu toujours écoute
Les petits enfants !*

Jean VÉZÈRE.

*
**

À l'usage des enfants d'un soldat

Mon Dieu, nous étions contents parce que papa nous donnait plus de joujoux et de bonbons que d'habitude. Et nous étions fiers, et cela nous amusait de le voir en costume militaire, quelques jours avant qu'il nous quittât. Il nous tenait par la main dans la rue, et maman nous accompagnait toute triste. Les voisins demandaient à papa : « Quand partez-vous ? » Il répondait : « Bientôt ! »

Nous sommes allés l'embrasser au train qui était long. Beaucoup de monde regardait les soldats. Maman pleurait sur l'épaule de papa. Alors nous avons pleuré aussi. Et papa nous a dit : « Priez le bon Dieu pour moi, mes chéris. Demandez-lui que je vous revoie. »

Mon Dieu, nous voulons que notre père revienne. Depuis qu'il n'est plus là, il y a une grande place vide dans la maison et dans notre cœur. Il y a des choses que lui seul sait arranger pour ses petits. Et quand ils ont du chagrin il tend sa joue contre leurs joues pour sentir rouler leurs larmes. On nous a dit qu'il était parti pour nous défendre, car les Allemands nous feraient mal s'ils arrivaient jusqu'à nous : ils mettraient le feu à notre maison et quelques-uns voudraient vous tuer, s'ils le pouvaient, dans le tabernacle où vous êtes, ô mon Jésus !

Vous ne permettrez pas que nos ennemis restent en France plus longtemps; faites que nous ne les voyions jamais avec leurs casques où il y a une bête méchante; vous nous avez donné papa pour qu'il les chasse, et il les chassera parce que la Sainte Vierge, votre maman, est notre amie et parce qu'elle vous demande pour nous la victoire. Tant que dureront les batailles, nous la tiendrons par sa robe blanche et bleue, comme si nous nous accrochions à une autre maman, et nous lui demanderons papa. Et vous nous le rendrez, ô mon Dieu, sur la terre pour longtemps, sinon pour toujours dans le ciel, parce que vous êtes comme notre père, et plus que notre père, et vous savez arranger toute chose comme il faut dans la maison. Ainsi soit-il.

Francis JOANNES.

DIX-HUITIÈME ENTRETIEN

Les lettres échangées

I

Mes chers Enfants,

Comme vos mères, vos sœurs et vos grands-parents vous avez désiré recevoir des lettres du front, ces lettres écrites au crayon, dans les tranchées, au son effroyable et terrifiant des gros canons. Oh! les bonnes lettres de papas, de frères, toutes empreintes d'affection, de bonne humeur, de vaillance et de patriotisme!...

Les familles se sont ainsi enrichies de trésors précieux qui se transmettront d'âge en âge, témoignages sincères de bravoure et de rudes dangers.

Celles qui étaient pour vous seuls, chers enfants, étaient toutes pleines de tendres exhortations et de souhaits pour votre santé, votre travail, et votre rôle dans la famille.

En voici quelques-unes dignes de passer de mains en mains :

Souhaits de fête d'un sergent à son petit garçon

C'est une lettre touchante entre toutes que celle qu'un sergent au 30e régiment d'infanterie a écrite des tranchées de première ligne à son petit garçon le jour de sa fête. En la lisant, beaucoup de nos lecteurs sentiront de douces larmes mouiller leurs paupières :

Mon beau petit Jeannot mignon,

Je te souhaite une bonne fête. Continue à être bien sage et bien gentil, à aimer ta maman chérie, à être obéissant, à bien apprendre à l'école, à être poli et serviable envers tout le monde; à te montrer respectueux envers grand'mère, tes oncles et tantes.

Tu es encore bien jeune, mais ton bon petit cœur et ta mère aimée te feront comprendre les conseils de ton papa qui se bat pour délivrer notre belle patrie qui est la première de toutes les nations. Sois fier d'être Français et de toujours accomplir ton devoir.

Je n'ai pas de cadeau à t'offrir, les circonstances ne le permettent pas, mais à ton intention j'ai été cueillir sur la tranchée, dans le champ de bataille, de modestes fleurs bleues, blanches et rouges que je t'envoie avec mes meilleurs baisers. Elles sont l'image de notre beau drapeau, les couleurs qui ont parcouru le monde et partout ont fait l'honneur de la France.

Garde-les en souvenir et dis-toi : Quand je serai grand, je serai soldat et je défendrai mon pays.

Vive la France ! Vive la Saint-Jean !

Mon ami l'abbé Rosay a dit la messe ce matin à l'intention de tous ceux qui nous sont chers, je t'ai recommandé à ton Patron pour qu'il te protège et éloigne de toi les peines, mais s'il fallait les supporter, fais-le toujours avec courage et confiance en Dieu.

Cette nuit nous avons eu une attaque des Boches, on

s'est battu à la baïonnette, à coups de crosse sur la tête; il y a eu des pertes de part et d'autre, mais ils n'ont pas gagné un millimètre de terrain, bien qu'ils aient fait sauter la tranchée et bombardé toute la nuit.

N'aie pas peur, encourage ta bonne petite mère, dis-lui que si je n'écris pas souvent ces jours-ci, c'est qu'on a fort à faire. Qu'elle ne se tourmente pas : je suis toujours en bonne santé et fais mon devoir.

On a souhaité la fête à tous les Jean de la section, ils ont eu chacun un petit bouquet comme le tien, ils le porteront sur leur cœur et vont l'envoyer à leurs familles. Tous ces braves Jean sont de rudes poilus qui se sont bien battus et t'embrassent aussi bien fort. J'y joins mes meilleurs baisers tout plein, tout plein pour toi et ta maman. Ton petit papa qui t'aime de tout son cœur et pense à toi sans cesse.

G. X.,
sergent au 30ᵉ d'infanterie, 11ᵉ Cⁱᵉ.

II

Voici la lettre charmante du brave commandant P. à sa petite-nièce Nanou Lac..., enfant de neuf ans :

28 décembre.

Ma petite Nanou,

A. D.... m'a porté ton paquet, ta lettre et le mot de ton papa : pour le récompenser, je l'ai fait coucher dans mon logement.

Sa chambre a été vite prête. Mon ordonnance est allé chercher... deux bottes de paille fraîche, mais mon petit poêle ronflait discrètement. Nous avons pris une tasse de thé, en parlant de vous et de ceux que nous laissons derrière nous et, ce matin, il a regagné sa tranchée, lesté d'une bonne tasse de chocolat. Tu vois que nous ne nous privons de rien et que nous ne sommes pas bien à plaindre.

Tu sauras, ma petite Nanou, que nos hommes ont des chambres souterraines : ils vont se construire des cheminées et cela leur permettra de supporter plus aisément le froid. La neige tombait, ce matin, et la campagne était toute blanche...

Si, de temps en temps, on n'entendait pas un coup de fusil, un coup de canon, on ne se croirait pas en guerre. Cependant, en jetant un regard derrière soi, devant soi, on aperçoit, de-ci, de-là, de petits monticules, surmontés d'une croix, qui indiquent les coups que nous avons reçus; mais aussi de larges tranchées, où la terre amoncelée couvre de nombreuses victimes, marquent les coups que nous avons rendus.

Prie bien le Bon Dieu, ma petite Nanou : car c'est lui seul qui donne la victoire et ce ne sont pas les pécheurs que nous sommes qui mériteraient cette force, si de bonnes petites âmes comme la tienne ne lui répétaient bien souvent : « Mon Dieu, ayez pitié de nous : donnez-nous la victoire, nous vous en prions. »

Dis à ton papa que je fais ce que je peux pour que ceux qui m'aiment un peu soient honorés dans leur affection : j'ai été cité à l'ordre du jour de l'armée, et je viens de recevoir le 4e galon : *que le Bon Dieu soit béni!*

Je t'envoie de bons et nombreux baisers, ma petite Nanou : garde les meilleurs pour toi et distribue les autres autour de toi...

Vous lirez encore avec plaisir cet échange de correspondances entre un petit garçon et son grand frère blessé :

La lettre et la réponse

Ah! le brave petit garçon, dont on me conte l'idée touchante, la simple et heureuse aventure!...

Il y a quelques jours, à la tombée de la nuit, un

gamin d'une douzaine d'années se présentait à la porte de l'un de nos hôpitaux parisiens.

Et il demandait s'il ne pourrait pas « parler à un blessé »...

— Mais il est trop tard, mon petit...
— C'est que, plus tôt, j'étais à l'école...
— Et quel est le blessé que tu connais, comment s'appelle-t-il ?...

Le petit garçon s'est troublé :
— Il ne s'appelle pas... Non, je n'en connais pas... C'était n'importe lequel, Monsieur, n'importe lequel à qui j'aurais voulu remettre ceci...

Et il s'est presque sauvé, tout rouge, en laissant son petit paquet.

Le soldat à qui l'on a fait porter aussitôt, sur son lit d'hôpital, le paquet du petit garçon, y a trouvé cette lettre :

« Mon bon grand frère,

« Je t'envoie un paquet de cigarettes que j'ai acheter avec les sous de ma tirelire. Je ne te connais pas, mais je t'aime parce que tu ais brave et que tu te bats pour mon pays.

« Je t'embrasse bien et mon cœur crie : Vive la France ! »

« *Signé* : ROGER M..., 28, rue... »

Le « correspondant » que le hasard avait donné au petit garçon était un des plus jeunes blessés de l'hôpital; on vient de l'amputer d'une jambe, — mais c'est un des vainqueurs de la bataille de la Marne...

Il a répondu :

« Mon cher petit,

« Je sais que tu aspires à grandir pour venir aider ton grand frère; mais, vois-tu, quand tu seras grand, la guerre sera finie; seulement il te restera à récolter, et c'est encore une belle besogne, car nous autres, nous ne pourrons plus, et il nous faudra beaucoup compter sur vous, les jeunes...

« En attendant de grandir, travaille bien à l'école, parce que, pour les petits enfants, s'instruire, c'est servir son pays.

« Nous te remercions beaucoup et nous espérons avoir bientôt le plaisir de te voir, pour t'embrasser de grand cœur.

« Ton grand frère,
« *Charles B...* »

Ainsi du jeune au petit Français, du combattant d'hier à celui de demain, — car, sous la forme pacifique aussi bien que guerrière, il faudra toujours combattre, — ainsi se transmet sans arrêt l'héroïque flambeau du patriotisme...

DIX-NEUVIÈME ENTRETIEN

Les lettres échangées (*suite*)

I

La série des lettres touchantes échangées entre nos soldats du front et les enfants pourrait se prolonger longtemps, mais il faut se borner; en voici encore quelques-unes :

Lettre d'un colonel à un écolier de douze ans

Voici une lettre qu'un enfant de douze ans, Pierre X..., écolier à Paris, a reçue du lieutenant-colonel Buhler, auquel il s'était adressé, voulant, comme tant d'autres braves petits Français, adopter un soldat se battant au front et n'ayant pas de famille. En voici le texte :

Mon cher Pierrot,

J'ai reçu ta charmante lettre dans laquelle tu me demandes le nom d'un soldat de mon régiment dont tu seras le parrain, le petit frère. Pour combler tes vœux, voici ce que j'ai fait : J'ai demandé à tous mes capitaines le nom d'un vaillant soldat n'ayant plus de famille : tu lui en tiendras lieu. Puis j'ai tiré moi-même au sort. L'heureux élu est le soldat R..., de la 18e Cie du 359e, secteur postal 97.

Tu n'auras qu'à lui écrire; il t'aimera bien. Ton bon petit cœur a compris que ce qu'il y a de plus triste, pour un soldat, c'est de n'avoir plus de papa, de maman, de frère ou de sœur. Tu veux être le frère d'un de mes soldats : mais tu deviens ainsi mon fils, car tous les hommes de mon régiment sont mes enfants. Je t'adopte d'autant plus volontiers que moi aussi, j'avais un bon et beau fils, que j'aimais comme t'aime ton papa. Les Allemands me l'ont tué à vingt ans. Il est mort, mon cher fils, pour l'Alsace et pour la France, comme tu l'aurais fait si tu avais été plus grand!

Je t'embrasse de tout mon cœur.

Lieutenant-Colonel
BUHLER.

*
* *

Cher soldat,

Je vais tâcher d'avoir beaucoup de bons points pour avoir d'autres sous pour vous acheter un autre paquet. Ju vous embrasse bien fort, de tout mon cœur, et je prie bien pour tous les soldats.

Cette chose admirable est signée Roger Grosset, Paris, neuf ans.

« J'en ai fait la lecture à mes troupiers; ce sont presque tous des pères de famille; ils en ont été profondément touchés. Comment ne serions-nous pas avides de souffrir et de vaincre, afin d'assurer une paix, glorieuse et durable dans la liberté, à des enfants qui s'en montrent si dignes? Lorsque à la bataille nous regardons plus haut qu'à l'horizon, il nous semble voir les grands ancêtres qui nous montrent le chemin du devoir; mais, en même temps, nous entendons passer au-dessus de nous, comme une grande rumeur, les voix réunies de ceux que nous avons laissés derrière nous. Elles nous encouragent, nous poussent vers la victoire prochaine et définitive. Cher petit Roger Crosset, parmi ces voix qui viennent de France, nous percevons distinctement la vôtre; elle contribuera à exhalter nos énergies. Nous voudrions, nous soldats, que vous le sachiez.

« Veuillez agréer, monsieur le rédacteur en chef, l'expression de mes salutations les plus distinguées.

« *Un capitaine d'infanterie.* »

Touchant hommage aux écolières de Paris

Graves et appliquées, les petites élèves des écoles de Paris, après les heures studieuses des classes, confectionnent de leurs doigts habiles des vêtements chauds pour nos soldats. Certaines d'entre elles, appartenant à une école du centre de Paris, viennent d'avoir une très agréable surprise. De bons Arabes qui se battent sous nos drapeaux leur ont écrit pour les remercier. Leur touchante lettre, où se révèle une chevaleresque délicatesse, est à citer en entier :

Louange à Dieu l'unique!

Mesdemoiselles,

Nous avons reçu les paquets que votre générosité et votre bon cœur ont bien voulu nous offrir. Nous vous en remercions beaucoup. Dieu vous récompensera. Nous formons des vœux pour vous et vous souhaitons tout le bonheur que vous méritez et une longue vie, ainsi qu'à votre honorable famille. Nous formons des vœux pour l'écrasement complet des Boches, et tant que nous aurons une goutte de sang, nous le verserons pour notre patrie : la France !

Encore une fois, merci !
Nous vous saluons.

Smaili Taiele,
Terback Amard ben Houssine.
Artilleurs au ... d'Afrique.

Nos petites écolières sont très fières d'avoir reçu cette lettre.

**

Lettre d'une enfant de seize ans à son frère blessé

Mon frère chéri,

Par télégramme de la part de M. le maire de D... à M. B..., nous avons appris que tu viens d'être blessé, victime de ton loyal dévouement. Mais les renseignements nous manquent. Oh ! nous avons tant prié; papa, maman et M. Martin Barthuel sont partis, mais hélas ! impossible, à Ussel ils apprennent qu'aucun civil ne franchit la frontière des Vosges.

Donc impossible de te voir encore, mais espérons qu'aussitôt que tu iras mieux, et ce sera tôt, je l'espère, on t'enverra dans le centre et nous viendrons tous alors, fiers et glorieux de toi, te voir et t'amener ici quelques jours dans ce pauvre C..., cher témoin de ta jeunesse, avant que tu ailles continuer ton devoir de soldat et de Français si vaillamment commencé, et chassé les barbares ennemis de la France; tu iras à Berlin, crois-le, c'est ta petite sœur qui te le dit. Sois courageux comme nous le sommes tous, sois grand dans le dévouement, toi qui descends d'une si vaillante race, qui s'est si bravement distinguée sur les champs de bataille et d'honneur.

Rappelle-toi La Tour d'Auvergne, le 1ᵉʳ grenadier de France, qui, mourant, combattait encore. Le premier tu ne veux pas tirer en arrière.

Tout Français se doit à la France.

François et Marien parlent souvent des beaux récits que tu leur raconteras. Ils parlent aussi de certains trophées que tu prendras à l'ennemi.

Tâche, si tu peux, de nous mettre au courant de ta blessure ou plutôt de ton rétablissement.

Il faut pourtant que je te quitte, mon cher grand frère, mais non avant de te recommander à la sainte Vierge Marie, la Reine de la France; prie-la, elle sera ta sauvegarde.

Papa, maman et nos deux petits frères t'embrassent bien fort.

Présente nos hommages à ceux qui te soignent et à M. le maire, si possible.

Au revoir, Charles, oui, au revoir, mon frère chéri, c'est bien là le mot de mon cœur. Ta petite sœur qui prie bien le bon Dieu pour toi et la France, et espère vous voir sous peu, l'un guéri, aidant au triomphe de l'autre.

Marie de L...

Une petite Alsacienne de cinq ans écrit :

Je suis heureuse, monsieur le soldat, de vous envoyer ce petit paquet pour ne pas que vous ayez froid et que vous battiez les Allemands qui ont tué ma grand'mère. Bons baisers.

Le sergent du génie Max Valteau, à qui fut remis le colis, répond :

Je remercie et embrasse la petite Alsacienne qui a fait porter au dépôt un paquet de lainage avec ce joli mot. Nous vengerons ta grand'mère, mignonne.

Le rameau béni

Quelques jours avant Pâques, deux petites filles recevaient dans une lettre bien tendre de leur papa chacune un petit rameau de buis, béni au dimanche des Rameaux dans une église ruinée, près du front.

Le papa racontait combien il avait été ému en recevant ce buis. Tout de suite, il l'avait destiné à sa femme et à ses deux petites filles et la lettre arrivait, apportant comme une bénédiction suprême du papa. Ce cadeau symbolique, hélas ! fut son adieu...

Quelques jours après, un obus éclatait au-dessus de la maison où il logeait avec ses hommes, il était sergent-fourrier. Au moment où il se levait, alors que le danger avait sans doute ravivé dans son cœur la pensée de sa chère famille et du bon Dieu, le sergent S... était frappé à mort.

Les chères petites S... et J... et leur mère, inconsolées, portent maintenant, sur leur deuil, en médaillon, le portrait du cher défunt que l'on embrasse chaque soir, avec une petite feuille de buis desséchée : trésor et relique à la fois !

C'est ainsi que pour les chrétiens, par-delà la mort, les âmes qui se sont aimées restent comme en contact permanent. En Dieu, les élus nous sont fidèlement attachés, et, par le lien de la prière, les vivants ne s'éloignent point de leurs morts et les deuils deviennent moins amers.

L'exploit d'un cavalier

Un soldat écrivait à ses parents après le combat de Dieuze :

Nous avons battu en retraite, lâchant un terrain qui a été repris hier. Il y a eu beaucoup d'officiers et de sous-officiers tués. Votre petit a bien fait son devoir. Seul debout avec quinze hommes, j'ai couvert la retraite, soutenant mon colonel blessé, que j'ai hissé sur son cheval; après quoi, j'ai repris ma place dans la compagnie. Mon sergent-major a reçu un obus qui lui a cassé les deux jambes, à cinq mètres de moi. Les balles sifflaient, et si je suis encore de ce monde, c'est que le bon Dieu veut me garder pour ma pauvre petite maman. Au prochain combat, je veux rapporter un galon de sous-lieutenant.

Lettre de soldat

On nous communique la lettre suivante, qui montrera, une fois de plus, quelle est la bravoure et la crânerie des petits soldats français :

Chers parents,

J'ai reçu votre lettre ce soir et cela m'a donné encore plus de courage. Je suis aux avant-postes depuis hier 15 août, journée que je me rappellerai toute ma vie, car j'ai reçu le baptême du feu.

Nous avons chassé les uhlans d'une petite commune et les avons chargés à la baïonnette; les habitants pleuraient de joie de se voir délivrés. Les balles sifflaient, le canon tonnait, mais le courage ne m'a pas manqué et j'espère en abattre encore quelques-uns, car ils font comme en 1870 : ils ne laissent rien, ils tuent tout, même les enfants. Depuis hier nous avons la pluie sur le dos, mais ça ne fait rien, on est solide au poste, et partout où nous passons, nous sommes bien vus et accueillis avec joie. Je ne peux vous faire le détail de ce qui se passe, mais au retour je vous promets de vous intéresser.

En attendant, je fais mon devoir et je m'en acquitterai jusqu'au bout !

Soyez courageux; quant à moi, je veux rapporter un casque d'Alboche !

Je vous embrasse de tout mon cœur et vive la France !

II

Ne vous plaignez pas de votre sort

On nous communique une lettre qu'un père de famille, actuellement sur le front, a adressée à sa femme et à ses enfants. Nous en extrayons le passage suivant dont nous respectons autant que possible le style :

Mes chers enfants, je vais vous dire une histoire que m'a racontée un enfant de huit ans, un émigré belge.

Des Allemands étaient entrés chez ses parents. Ne trouvant que ce pauvre petit, ils lui mirent la baïonnette sur la gorge et lui dirent de leur enseigner où étaient les soldats. Le petit leur répondit qu'il n'en savait rien. Que firent-ils pour le faire parler ? Ils le déshabillèrent, lui mirent la baïonnette sur le ventre, lui firent mettre les mains sur la tête et l'obligèrent à leur dire où étaient les soldats. Le petit toujours leur répondit qu'il n'en savait rien. Ils le menacèrent de le pendre; mais le petit ne parla jamais. Finalement, les Boches le laissèrent tout nu et s'en allèrent sans lui faire du mal.

Que voulez-vous, chers enfants, quand le petit nous racontait cela, les larmes nous coulaient. Aussi, il me restait deux malheureux sous, je les lui ai donnés. Je te prie, Jean, de raconter cette histoire à ton maître d'école pour qu'il la cite comme exemple à ses élèves.

Chère épouse, nous, nous n'avons pas le droit de nous fâcher. Si tu voyais combien sont malheureux les émigrés qui arrivent du champ de bataille où leur maison a été démolie et leur mobilier brûlé! Ils sont maintenant sans abri et sans le sou et, pour manger, ils sont obligés de venir à nous. Des mères de famille, dont le mari est au feu, amènent avec elles cinq ou six enfants, tous très jeunes ou au sein et marchent depuis quinze ou vingt jours. Ceux-là sont bien malheureux. Aussi, tu vois ces mères de famille, quand elles racontent les misères que leur ont fait les Alboches, pleurer et se désoler.

C'est pour cela qu'il ne faut pas vous plaindre de votre sort.

Nous n'accompagnerons cette lettre d'aucun commentaire. Le récit et les réflexions que fait le signataire parlent par eux-mêmes.

Belle lettre d'une jeune fille

Le sergent-major Buiche, du ... territorial, nous communique une lettre accompagnant un envoi de lainages qui vient d'échoir à ses hommes. Cette lettre, écrite par une jeune fille de vingt ans, mérite d'être publiée.

Au soldat inconnu qui recevra ce paquet.

Monsieur,

Permettez-nous de vous offrir ces quelques objets, en reconnaissance de ce que vous faites pour nous. C'est bien peu, sans doute, pour vous qui, à chaque minute, donnez votre vie pour nous conserver notre France; mais, en tricotant ces effets, nous y avons mis tout notre cœur.

Maman nous a dirigées et aidées, ma sœur et moi, parce que nous ne savions guère tricoter, ce qui n'est pas bien honorable.

Si j'étais un garçon, je combattrais à vos côtés; malheureusement, je ne suis qu'une fille, et j'enrage de rester aussi impuissante.

Je suis jalouse à la pensée que les jeunes gens de mon âge se battent et des éloges adressés aux « 20 ans » de la classe 1914. Je suis pourtant fière de leur conduite, je les admire de toutes mes forces, ainsi que vous, ainsi que tous les combattants.

Si vous avez besoin de quelques autres lainages, nous vous serons bien reconnaissantes de nous le faire savoir, ma sœur et moi seront très heureuses de vous en confectionner.

Soyez assuré, Monsieur, de notre sympathie; recevez nos meilleurs vœux pour votre retour sain et sauf, prochain et victorieux.

G. L., 3, rue de V..., Paris.

Cette belle lettre ira au cœur de tous.

LECTURE

La dernière messe

Touchant récit publié par la *Croix de l'Ardèche :*

Sur les pentes d'une forêt d'Alsace, une chapelle avait été élevée en hâte... Un menu campanile surmonté d'une croix indiquait la destination de cet abri fait de planches. Une balustrade en bois rustique formait l'enceinte du petit sanctuaire de hasard.

Ce jour-là, dimanche, le ciel était gris... de fines gouttelettes filtraient à travers le feuillage vert sombre des hauts sapins.

A l'heure marquée, une foule de soldats s'étaient groupés autour de la chapelle improvisée.

Je m'avance vers ce rassemblement. Au centre, j'aperçois un jeune prêtre aux traits distingués, à la pose pleine de fierté. Une moustache toute brunie me révèle que c'est un prêtre-soldat qui célèbre les saints mystères.

L'altitude du célébrant impressionne vivement. Il opère lentement, pieusement, avec majesté.

Les gestes les plus connus de la liturgie sacrée revêtent par lui un caractère de gravité inaccoutumée.

De temps en temps, il se tourne vers l'assistance, les yeux baissés. Il ouvre amplement les bras qu'il tend levés en disant *Dominus vobiscum*.

A maintes reprises, sa taille svelte s'incline, il baise la pierre sacrée avec infiniment de respect.

Après l'Evangile, il ne nous adresse point la parole, et ce silence m'intrigue.

La messe est chantée. Son organe faible, mais excessivement juste, il entonne la Préface. Il traduit merveilleusement les mélodies de la musique grégorienne. Le ton de sa voix devient plus fort et plus ample selon le sens des paroles. A l'Elévation, il recule d'un demi-pas, il se penche vers l'hostie et prononce les paroles de la Consécration.

Ses genoux ploient dans une adoration profonde. Il élève tant qu'il peut l'hostie toute blanche qu'il tient dans ses mains fines. Il répète la même cérémonie sur le calice. Puis le visage du célébrant s'illumine et s'ennoblit. On se fait tout bas cette réflexion : « Comme ce jeune prêtre dit bien la messe ! » Pour s'exciter aux sentiments de foi et de piété, il n'y a qu'à ne point perdre de vue l'expression du célébrant. Les regards braqués des quatre coins sur sa personne ne le distraient point. Sa pensée suit des mystères avec un monde que les yeux ne voient point.

Le chant du *Pater* succède. Le rythme en est saccadé. Le prêtre insiste sur les demandes de l'Oraison dominicale. Sa voix s'attarde visiblement sur ces paroles : *Fiat voluntas tua sicut in cœlo et in terra*. Que votre volonté soit faite sur la terre comme au ciel.

Jamais je n'avais si bien compris le sens des paroles de la prière du Maître.

A la fin, d'un geste large et bien tracé, il nous bénit. La messe est finie. Le groupe ne s'en va point.

L'officiant dépose ses habits liturgiques. Un bel uniforme d'officier apparaît. Deux galons d'argent brillent sur la manche de sa tunique noire. On demande son nom. C'est le lieutenant Patella, commandant la ...e compagnie du ...e chasseurs.

J'apprends qu'il est du diocèse de Marseille. Il vient de dire sa dernière messe. On dirait qu'il l'a pressenti. De lourdes pensées semblent planer au ciel de son âme pendant toute la messe.

Depuis le début de la guerre, ce jeune prêtre-officier marche à la tête de ses diables bleus. Il les a maintes fois menés à l'assaut des positions ennemies.

Et dans deux jours, il va tomber sur le B..., tué par un obus.

Cet agneau se ruait comme un lion sur les tranchées allemandes.

Vraiment, c'est un miracle que le même homme puisse allier tant de timidité à tant d'impétuosité et tant de tendresse à tant de force.

Et je me demandais par quel mystère de tels hommes avaient pu, dans notre belle France, trouver des ennemis et je priais le bon Dieu de dessiller les yeux de l'aveugle et de toucher le cœur de l'impie.

G. L.

*
* *

Une petite fille de neuf ans, Gisèle de son petit nom, nous a fait cette naïve confidence :

« J'ai écrit à papa et sur le papier, j'ai fait un petit rond avec ma plume que j'ai embrassé et j'ai dit à papa : embrasse aussi toi ce petit rond, tu trouveras la trace de mon baiser. »

Dire que le papa a pleuré, en lisant cette lettre, cela n'étonnera personne.

VINGTIÈME ENTRETIEN

Noël aux armées

I

Mes chers Enfants,

Quels souvenirs inoubliables resteront attachés à la fête de Noël 1914!

Célébrée dans les foyers chrétiens, elle a été toute parfumée de prières et de vœux ardents, confiés au Sauveur Jésus, en faveur des membres de la famille absents. Dans les églises l'affluence des fidèles et la piété ont atteint leur maximum.

Au front, dans les tranchées et les casernements, dans les églises à demi-ruinées, dans les granges près des animaux, la fête de Noël a apporté à nos chers soldats des consolations dont l'écho joyeux nous est parvenu. Chants liturgiques, messes de minuit, communions, gais réveillons, rien n'a manqué pour donner à la nuit de Noël, le caractère le plus solennel.

Dans les ambulances, nos chers blessés, ont fêté

Noël et ont été fêtés comme jamais, même aux plus beaux jours de leur enfance.

Les écoles des villes et des villages ont transmis des cadeaux de Noël en nombre incalculable, au milieu des transports de joie inaccoutumée. Nos églises remplies de pieux fidèles ont entendu, outre leurs chants traditionnels si mélodieux, des cantiques patriotiques d'une belle allure guerrière glorifiant nos soldats et appelant les bénédictions du Christ sur leurs combats.

Bien des poètes ont chanté l'union de France avec les soldats en la fête de Noël.

L'un d'eux a écrit ces beaux vers :

> Aujourd'hui, l'élan unanime
> Des fils du Pays immortel
> Fait revivre un Noël sublime.
> Enfants, chantez l'Emmanuel !
> France, renais dans la lumière
> Où luit l'unique Vérité;
> Les tout petits font ta prière,
> Les grands, ton immortalité.

Belle association d'âmes et de cœurs qui présage pour le jour de la victoire de sublimes élans d'enthousiasme généreux et de fraternité!...

II

Les souvenirs de Noël doivent être conservés précieusement pour les années suivantes. Et si, contrairement à nos espérances et à nos prévisions, la fête de Noël de 1915 devait être, comme celle de 1914, enveloppée d'un nuage de tristesse, les cœurs des enfants s'uniraient de nouveau et plus étroitement aux cœurs des combattants.

Un comité s'est formé dès les premiers jours de décembre 1914 pour faire donner, le 25 décembre, par *tous les enfants de France* à nos soldats un souvenir de Noël. Ce souvenir devait être accompagné d'une lettre des enfants sous forme de sonnet délicat signé du poète : Jean Aicard.

Voici la lettre qui vous fut envoyée, chers enfants.

« Enfants de France,

Noël vous trouvera cette année dans vos foyers, tandis que vos pères, vos frères, vos parents, vos amis combattront loin de vous pour la patrie.

Songez à eux!

Songez aux soldats français que réconfortera votre souvenir. Vous ne voudrez pas oublier les absents qui exposent leur vie pour vous.

Enfants de France, élèves de toutes les écoles, de tous nos collèges, de tous nos lycées, nous vous demandons une modeste obole.

Si chacun de vous veut bien donner la somme minimum de dix centimes, nous pourrons adresser à chacun des combattants, en cette nuit de Noël, du tabac et du chocolat.

C'est peu sans doute, mais en recevant ce souvenir de Noël et en lisant ces mots : « Souscription des enfants de France », nos soldats auront pour vous tous une pensée de reconnaissance émue qui fortifiera leur courage! »

M. Jean Aicard a bien voulu écrire pour les enfants de nos écoles les vers suivants qui ont été joints à l'appel du comité du « Noël aux armées ».

> Nos soldats sauveront la France;
> Les Germains auront le dessous...
> Il faut payer cette espérance!
> Combien, chers écoliers ? — Deux sous.
>
> Mis en gros tas, vos dons minimes
> Formeront un riche trésor,
> Car beaucoup de fois dix centimes,
> Cela fait des millions d'or!
>
> La Patrie attend votre offrande
> Qui deviendra sur son autel,
> Devant la tranchée allemande,
> Un joyeux arbre de Noël.
>
> L'arbre vert aura dans ses branches
> Des chandelles au vif éclat,
> De fines cigarettes blanches
> Et des boîtes de chocolat;
>
> Et, pour la Noël, nos armées,
> Nos soldats déjà triomphants,
> Recevront ces choses aimées,
> Don sacré de vos cœurs d'enfants.
>
> O cher petit peuple innombrable,
> Pour qui le grand peuple se bat,
> Donnez, enfance secourable,
> Vos deux sous à notre soldat :
>
> Il ne fera pas, cette année,
> Pour vous, le geste rituel
> De mettre dans la cheminée
> Le touchant cadeau de Noël.
>
> C'est à vous, si gâtés naguère,
> D'envoyer à qui vous défend,
> A l'homme parti pour la guerre,
> Le souvenir de son enfant.

Petit peuple, enfance chérie,
Donnez deux sous, bons petits cœurs,
Rien que deux sous à la Patrie,
A nos soldats déjà vainqueurs.

Ils vous devront la grande joie
De revoir en songe, un moment,
Le logis qui les leur envoie
Et qui leur sourit doucement :

Et songez, sachant votre Histoire,
Que le cri traditionnel
De la France, aux jours de victoire,
Fut de tout temps : Noël ! Noël !

Jean AICARD,
de l'Académie française.

Plus de cinq millions d'enfants ont envoyé par pièces de deux sous 520.000 francs. Cet élan national a permis au comité une surabondante distribution.

VINGT ET UNIÈME ENTRETIEN

« Donnez, pour nous, un baiser au drapeau »

I

Mes chers Enfants,

Les poètes trouvent toujours les expressions justes pour caractériser un sentiment, un désir, un grand élan du cœur; aux grandes époques de l'histoire, quand l'enthousiasme a besoin de passer comme un souffle généreux, les poètes naissent. La guerre les a multipliés.

Tous les régiments de France ont reçu des enfants des cadeaux de Noël, chaque soldat eut le sien. Voici la lettre d'envoi qui sert de dédicace à la charité des enfants :

Nous, les enfants, les uns au logis maternel,
Les autres à l'école, où l'on est fier d'apprendre,
C'est nous qui vous offrons le cadeau rituel,
Frères, pères, qui vous battez pour nous défendre.

La France, en plein combat, sait garder un cœur tendre ;
Elle est le chevalier de l'amour éternel :
C'est ce qu'au dur Germain feront ce soir entendre,
Sous les feux des canons, vos chansons de Noël.

Nous n'avons pas mis, non, chers absents, cette année,
Notre petit sabot devant la cheminée...
Vous souffrez : c'est à nous de vous faire un cadeau.

Noël ! ce cri d'amour est un cri d'espérance :
Il faut vaincre ! Le monde a besoin d'une France :
Soldats ! — Donnez, pour nous, un baiser au drapeau.

Jean AICARD,
de l'Académie française.

Les remerciements affluèrent en prose et en poésie sous une forme toujours gracieuse et émue. Nous vous en signalons une en particulier qui exprime bien délicatement la reconnaissance de nos soldats :

Petits enfants de France, et vous, chers écoliers,
Vous n'avez pas voulu, dites-vous, cette année,
Pour la nuit de Noël installer vos souliers
Et vos petits sabots devant la cheminée...

Or, Noël a compris... Délaissant vos foyers,
Se glissant jusqu'à nous dans la lutte acharnée,
À tous il a remis vos cadeaux par milliers ;
Et vos parents, enfants, suivaient sa randonnée.

Merci ! Nous sommes fiers, car votre geste est beau.
Nous donnons pour vous tous un baiser au drapeau ;
Puisqu'il la faut au monde, elle vivra, la France !

Vous êtes, doux enfants, parmi ses défenseurs ;
Vous avez, vous aussi, votre part de souffrance...
Embrassez bien pour nous vos mamans et vos sœurs.

Jean PÉRIGAUD.

Dans cet échange de sentiments délicats, on trouve une preuve de plus que l'âme de la France, pendant la grande épreuve de la guerre, s'est élevée à l'apogée de sa grandeur, comme les mères n'atteignent le sublime de leur vocation que lorsqu'elles ont beaucoup souffert.

II

Les récits édifiants qui nous sont revenus de la ligne de feu ont tous comme un souffle chaud venant du bivouac. Les Alsaciens et les Lorrains dont les territoires ont été occupés par nos troupes ont célébré Noël à la française avec des airs français et de la musique française, devant une assistance qui pouvait crier : « Vive la France! »

Lisez ces beaux récits :

Noël dans les tranchées

L'objet de ma lettre est de vous remercier, au nom de l'armée, des campagnes que vous menez pour le bon combat, tandis que, sur le front, nous menons celui qui doit nous valoir la victoire définitive.

Et je ne crois pas pouvoir mieux faire que de vous décrire, en guise de remerciement, la scène dont j'ai été témoin la nuit dernière.

Le cadre : Un village ruiné, entre Souain et l'Argonne, des crêtes en avant vers le Nord, à 1.800 mètres, où sont nos tranchées à trente mètres des Allemands. Les balles sifflent dans les rues du village où très peu de maisons sont encore habitées, malgré les trous béants que les obus y font chaque jour. Les compagnies de réserve se sont creusé des tranchées de repos, relativement confortables.

Dans un coin de ce village, une étable, où deux vaches ruminent paisiblement. Plus un habitant, naturellement. L'aumônier de notre groupe célébrait la messe de minuit : 400 soldats étaient groupés devant l'autel, respectueusement; le général de brigade, le colonel et la plupart des officiers qui avaient dîné avec lui étaient au premier rang. Tous se sont approchés de la sainte Table, à l'appel du prêtre. Des chants accompagnés par un harmonium étaient exécutés en chœur, le canon grondait dans l'Argonne, des mitrailleuses crépitaient au loin, mais pour ceux qui étaient là, groupés et recueillis, la bataille n'existait plus. La Nativité du Sauveur qui appelait tous les hommes de bonne volonté avait imprégné ces soldats et leurs chefs.

C'était beau et tel qu'aux temps de la primitive Église. Votre plume saurait rendre en lignes éloquentes un pareil spectacle.

Notez que notre recrutement est presque exclusivement composé de populations du Midi, libres-penseuses et rebelles à l'idéal. Quel miracle aura opéré cette guerre de jeter ainsi au pied des autels des gens qui n'y furent jamais pendant la paix !

Ce matin, je suis allé à la messe; le même aumônier qui avait, après sa messe de minuit, passé la nuit dans les tranchées de première ligne, en célébrait une autre à laquelle assistaient ceux qui n'étaient pas venus cette nuit; et là encore quatre cents communions eurent lieu.

Notre France doit être sauvée, n'est-ce pas ? Je ne sais pas si dans les parties voisines du front que nous occupons, le même spectacle put se voir, mais ici, il y a un recueillement extraordinaire et vraiment une foi ardente.

III

La messe de minuit

Noël veut une messe de minuit, mais mon bataillon est de service aux tranchées.

Heureusement, j'ai deux prêtres parmi mes hommes. De plus, une de mes compagnies occupe trois ou quatre maisons d'un village dont tout le reste est entre les mains des Bavarois.

Je fais appeler un de mes prêtres, et l'affaire est rapidement décidée; c'est là, à vingt mètres des maisons occupées par l'ennemi, qu'on dira la messe de minuit. Il y a une cour de ferme qui nous servira d'église, et le ciel est étoilé : c'est une voûte superbe. Il ne manque qu'un calorifère.

L'autel est une porte posée sur deux tréteaux. On a trouvé un Christ et une Vierge dans une maison abandonnée, quelques flambeaux laissés par les habitants et même des fleurs en papier oubliées dans une armoire.

Mon pauvre abbé a dû faire quinze kilomètres dans la journée pour se procurer le vin, la pierre d'autel, etc. Enfin, tout arrive à point.

L'autel est situé contre la maison. Le centre de la cour est occupé par les ustensiles de la ferme, mais tout autour de la ferme circule un trottoir qui est occupé par les fidèles. Nous ne sommes pas très nombreux, car il ne fallait pas trop affaiblir les postes de combat (une cinquantaine seulement); les autres sont avec nous de cœur.

Les chants sont proscrits. A minuit, le prêtre monte à l'autel, et la messe est célébrée dans le silence le plus absolu. Je n'ai jamais vu de cérémonie aussi édifiante. On n'entend que la voix du prêtre, le sifflement de quelques balles et le ronflement d'une dizaine d'obus qui passent au-dessus de nos têtes.

Après la messe, chacun retourne à son poste, y compris mon bon abbé qui, certes, n'oubliera pas cette nuit, et — c'est la guerre — dix minutes après, pour répondre aux balles et aux obus, je fais canonner une maison boche dont le voisinage me gêne depuis quinze jours.

IV

J'ai reçu seulement hier votre aimable lettre et son contenu, ainsi que le petit paquet l'accompagnant.

Je vous en remercie, et mes bons petits soldats vous en sont bien reconnaissants. La distribution s'est faite immédiatement, et malheureusement tous n'ont pu être servis; je leur ai fait espérer qu'ils seraient plus heureux plus tard; ils ne seront pas frustrés dans leurs espérances, je le crois. Nous avons eu par ici de superbes fêtes de Noël : messe solennelle, à minuit, dans une carrière immense, merveilleusement décorée et illuminée; un piquet d'honneur à côté de l'autel; sonneries de clairons à l'Elévation; nombreuses communions; chants populaires fort bien envoyés, rien n'a manqué; comme accompagnement d'orchestre, le sifflement des balles et le fracas de la mitraille.

J'ai célébré une autre messe à 1 heure de l'après-midi pour les hommes qui avaient veillé aux tranchées.

Hier dimanche, messe militaire à 9 h. 1/2 dans les mêmes conditions et toujours avec la même nombreuse assistance.

Vous voyez que mon ministère est bien consolant, et je me suis déjà attaché à mes bons paroissiens. Si Dieu me prête vie, j'espère bien les accompagner jusqu'à la fin de la campagne.

Ici, il ne fait pas un froid rigoureux, mais les nuits sont bien fraîches quand même et l'immobilité dans les tranchées est très pénible; néanmoins nos soldats gardent un moral excellent et sont pleins d'entrain.

Ceux qui étaient dans les tranchées la nuit de Noël ont chanté de toute leur âme, comme au temps où ils étaient enfants de chœur.

Un des beaux Noëls composés sur le front et chanté par nos soldats se terminait par cette belle strophe :

Nous voulons tous, Maître de la Patrie,
Chanter en chœur la gloire de ton nom,
Et puis servir notre France chérie;
Mourir chrétiens ! c'est notre Religion.
De l'Allemand ne craignant plus l'audace,
Nos escadrons, guidés par l'Eternel,
Ramèneront la Lorraine et l'Alsace;
En France ! En France, aujourd'hui, c'est Noël !

VINGT-DEUXIÈME ENTRETIEN

Les bonnes surprises de Noël

I

Mes chers Enfants,

De belles histoires, comme des fleurs au printemps sur une terre féconde, se sont épanouies, en cette fête de Noël 1914, qui réjouiront longtemps les cœurs des enfants et leurs mamans :

Voici :

Le Noël du petit Alsacien

Un des jolis villages du Sundgau à présent occupé par nos troupes du côté de la rivière Sulzbach. Villages indomptablement français, où les vieux osent maintenant arborer leur médaille de 1870. Villages, aussi, dont il a fallu extirper les éléments dangereux et impurs : ces femmes de fonctionnaires et de douaniers boches qui nous espionnaient, révélaient à l'ennemi nos positions de batteries, tendaient des pièges amoureux à nos soldats ou livraient, pendant leur sommeil, ceux qui ne s'étaient pas redit le conseil du cavalier-poète :

> Suspends à ton chevet ton sabre et la dragonne,
> C'est un vieux serviteur qu'on ne prête à personne
> Et qui tient à veiller sur son maître endormi!

Ah! ce n'est pas une de ces femmes-là qui travaille en cette nuit de Noël 1914, dans une chambre de sa maison basse au toit ourlé de neige. Une forte luronne, cette Lise, dont le mari a passé la frontière, le 2 août, pour prendre le képi et le flingot. Elle a clos ses volets, car la lumière est interdite au cantonnement, après huit heures. Elle tricote, soupire... et sourit parfois quand ses yeux se portent sur un petit lit où dort un gros garçon rose.

Un sourire triste pourtant; car, ce soir, c'est la fête de l'enfant Jésus et des autres enfants... et, hélas! dans la cheminée refroidie, les souliers du petit, qu'il y a posés lui-même, attendront vainement la visite du divin dispensateur. Lise est pauvre, si pauvre! et l'Alsace doit être loin du ciel, puisqu'elle souffre tant de la guerre après avoir tant souffert de la séparation...

Lise a tressailli. On a frappé dehors.

— Qui est là ?
— Moi, Fritz !

Elle a bondi, ouvert la porte, étendu les bras. Un homme, un soldat de France, est pour ainsi dire tombé sur sa poitrine. Et au baiser fou du revoir succède un long silence...

Au loin, les cloches sonnent matines. L'enfant a remué sur sa couche. Il murmure :

— Jouet... beau jouet !

Le regard désolé de la mère va du petit lit aux pauvres sabots vides. Mais soudain ce regard s'éclaire. La capote de Fritz s'est écartée : sur la poitrine du soldat brille le ruban rouge. Lise s'extasie. La croix !

— Oui, dit-il, modeste comme tous les braves, j'ai gagné ça l'autre jour, en enlevant une tranchée près d'Aspach. Tu ne pouvais pas le savoir, ma chérie, pas plus que je ne pouvais savoir, moi, si je pourrais venir te voir, bien que si près... te voir une heure, car il faut déjà partir !

Alors, le père sourit, malgré son dernier mot cruel. Sa main quitte celles de Lise, remonte à la croix d'honneur, bijou de gloire; elle la détache et doucement, pieusement, la dépose sur les sabots de l'enfant.

Bébé aura demain son petit Noël.

Capitaine S...

**

La première classe française en Alsace

C'est en Haute-Alsace, à Massevaux, un chef-lieu de canton de 3.660 habitants, situé dans le cercle de Thann, à cinquante et un kilomètres de Colmar, qu'a été ouverte la première classe — en français. Simple et émouvant instant ! Les écoliers, vêtus de leurs habits du dimanche, s'étaient placés devant leurs pupitres, tandis que leurs parents se tenaient debout au fond de la salle. Oh ! douce surprise ! Le maître d'école, à la dure allure germanique, était remplacé par un soldat-instituteur, un sous-officier français en tenue, un vrai fils d'Alsace, qui, tranquillement, prit sa place à la chaire. Il s'adressa en patois à ses disciples et à leurs parents. Ce fut un joyeux éclat de rire que personne ne songea à réprimer. La première leçon ne porta que sur un thème, une phrase d'abord parlée, qu'à tour de rôle, sur le tableau noir, puis sur les cahiers, les enfants inscrivaient, pieusement, et avec quel enthousiasme ! « La France est notre patrie ! Vive la France ! »

Pas une faute d'orthographe ! Les petits Alsaciens de Massevaux prouvèrent ainsi qu'ils connaissaient par cœur l'adorable formule.

Et les grand-pères, aux écoutes, eux aussi aux abords de l'école, se rappelaient, avec une émotion devenue très douce, une vision presque cinquantenaire : le vieux maître parlant pour la dernière fois, en français aux petits Français d'Alsace.

II

Noël de guerre : L'abandonné

Depuis combien de temps est-il là, couché au revers d'un fossé, dans le fouillis d'herbes et de ronces où un affreux coup de baïonnette à la poitrine et un éclat d'obus à la jambe l'ont jeté ?... Depuis deux jours ?... Depuis deux heures ?... Il ne sait pas; il n'a pas même la force de se le demander...

La nuit est venue depuis longtemps, humide et glaciale; le silence s'est fait, tragique. A peine, au loin, le grondement du canon.

Tout à l'heure, des plaintes montaient, de plus en plus faibles, de la lisière du bois. Quelque camarade agonisant sans doute, abandonné comme lui, et qui a dû perdre connaissance ou mourir, puisqu'on n'entend plus rien...

Il est tout seul, il souffre..., et il s'en va... Oh ! il le sent avec une si poignante lucidité !... Il sent la vie couler avec le sang tiède qui sourd traîtreusement de ses blessures.

Cent fois déjà, peut-être, il a essayé de se soulever, de se traîner, et il est retombé avec un gémissement d'impuissance. Il a appelé, et sa voix s'est perdue dans la brume.

A cette heure, il ne bouge ni n'appelle plus. A peine un halètement soulève-t-il sa poitrine sanglante, et il faudrait se pencher bien près pour saisir le souffle qui effleure ses lèvres.

Il pense. Toute la vie se concentre en dedans. Il pense, la tête renversée, collée à cette terre d'Argonne dont il respire l'âpre senteur d'humidité.

Il va mourir, tout seul, au coin d'un bois, comme une bête, sans prêtre, sans prières, sans mains pieuses pour lui fermer les yeux... Il va mourir comme cela, une veille de Noël !...

C'est vrai qu'on est à Noël, tout de même !... Là-bas, au pays, loin de l'invasion, les gens se préparent à la Messe de Minuit en songeant aux absents...

Dans la lassitude de sa pensée, surgissent des visions, anciennes et toutes proches à la fois, de lumière, de chaleur, devant la cheminée où brûle la bûche rougeoyante; des visions de repos, de joie...

Noël n'apporte-t-il pas à chacun sa part de bonheur ?...

L'an dernier, à pareille heure, ils veillaient tous deux dans la cuisine close, Blanche et lui, pendant que les petits dormaient en attendant l'heure de la messe. Ils avaient mis leurs sabots dans l'âtre, les chéris, ces sabots où le Petit Jésus allait poser un si joli fusil, une poupée si pimpante !...

Dans un coin, la crèche brillait de toutes ses veilleuses, et quelle douce lueur la flamme projetait sur la mousse du rocher !...

L'an dernier !... Et les carillons de Noël chantaient leur hymne de joie, et les voix s'interpellaient, claires, dans la rue étroite, et... les bêtes causaient peut-être à l'étable...

Mais aujourd'hui, n'est-ce plus la nuit pure et merveilleuse, celle de l'ineffable Anniversaire ?... Si les hommes s'entr'égorgent, n'est-ce pas tout de même fête au Ciel ?...

Noël !... Mon Dieu ! comme il souffre, le pauvre soldat de France, le pauvre petit soldat de trente ans qui va mourir !...

Et, pendant ce temps, que fait-elle, veuve depuis cinq longs mois, sa Blanche ?... Il la voit silencieuse, les mains jointes sur son chapelet, inclinant dans la lumière de la lampe pendue aux poutres sa tête fine, d'une blondeur délicate. Elle pense à lui; elle se le représente déficelant son « petit paquet », le « petit paquet » qu'il n'a pas reçu encore, qu'il ne recevra pas...

Tout à l'heure, ils iront tous les trois à l'église, elle et les petits, par les chemins clairs. Elle priera pour son retour, conflamment, et lui sera peut-être déjà mort...

Et tout à coup il tressaille.

Un son de cloche lui arrive, distinct, sonore, joyeux, à travers la nuit... Est-ce un carillon qui s'ébranle de lui-même, à cette heure miraculeuse, en quelque clocher tenant encore debout ?

Mais non... Cette voix-là, c'est celle de la cloche du pays, qui lui apporte l'adieu de ceux qu'il aime. Elle vient de très loin. Oh ! qu'elle est pure et harmonieuse ! Elle le berce pour l'endormir. C'est la clochette de l'aumônier qui vient l'absoudre au dernier moment...

L'idée lui vint, très nette, que tout était fini. Péniblement, il chercha à son cou ses médailles et son petit chapelet noir. Il murmura : « Mon Dieu ! je vous donne mon âme... » Et sa tête roula de côté, dans la douceur du dernier rêve...

....

C'était l'heure où les anges chantaient dans la nuit la Naissance bienheureuse du Sauveur...

M.-L. C...

Noël 1915 nous fournira encore de merveilleuses légendes. Il faut l'espérer, le chant des anges : *Paix sur la terre aux hommes de bonne volonté!* sera entendu et exaucé.

Nos prières doivent hâter ce jour de délivrance.

VINGT-TROISIÈME ENTRETIEN

Les petits héros de la guerre

I

Mes chers Enfants,

Ils sont toute une légion, les petits garçons de votre âge qui spontanément, par des ruses ingénieuses et une volonté bien décidée, sont arrivés à se faire incorporer parmi les soldats du front.

Là-bas, la plupart ont montré une bravoure et un sang-froid qui ont fait l'admiration des chefs et de ceux qui les ont adoptés comme de vrais camarades. C'est toute une révélation de l'éclosion prématurée de l'esprit chevaleresque, caractéristique de notre race.

Nous allons en présenter quelques-uns à votre admiration :

Celui-ci s'appelle Talhouët, et il a seize ans.
Chez nous, le poète, à sa façon, l'a dit : l'héroïsme est de tous les âges.

Un jour, comme on parlait encore et toujours de la guerre — c'était il y a un mois — il partit.

Un régiment passait, là-bas, au delà des fortifs. L'enfant courut, le rejoignit et marcha sur le front.

L'étape fut longue. Le petit homme « bouffa » l'étape comme un « vieux ».

Alors, les autres, les « vieux », à la halte, se groupèrent autour du petit :

— Je veux aller avec vous, leur dit-il simplement. J'ai seize ans. Je m'appelle Talhouët, et je suis de Paris.

Le capitaine vint. On adopta Talhouët et on l'habilla.

Dans la Marne, une nuit — il y avait bien une heure qu'on dormait placidement — le bon capitaine parut.

— Un homme de bonne volonté, demanda-t-il. C'est pour faire une reconnaissance vers les tranchées ennemies.

Le petit Talhouët s'était dressé :

— Choisissez-moi, mon capitaine. Je ne suis pas grand, je passerai mieux.

Et l'enfant passa. Trois Boches successivement le mirent en joue. Il les tua tous les trois. Mais comme il regagnait son poste, il fit une chute grave dans un trou d'obus et se brisa le bras.

Voilà pourquoi, debout, souriant et fiérot, le brave gosse se tient, presque guéri, aux côtés de son infirmière attentive, dans l'ambulance créée, au château de Chenonceaux, par la générosité de M. Gaston Menier.

*
**

Un héros de douze ans

M. Fernand Engerand, député du Calvados, adresse à M. Millerand, ministre de la guerre, la lettre suivante qui mentionne un fait de toute beauté :

Langrune-sur-Marne (Calvados)
17 septembre 1914.

Monsieur le ministre et cher collègue,

J'ai l'honneur de vous signaler un beau fait de guerre, accompli par un tout jeune enfant de France et qui me semble mériter une mention spéciale.

Au cours des opérations préparatoires de notre belle victoire de la Marne, le village de Neuilly-en-Thelle (Oise) dut être évacué. Le ...ᵉ régiment d'infanterie passait par là. Le jeune André Guédé, âgé de douze ans, dit à sa mère : « Je veux suivre les soldats » et il accompagna le régiment.

Le sous-lieutenant Grivelet, de la 10ᵉ compagnie, prit l'enfant avec lui, le petit André s'attacha à son officier; durant les trois jours de combat de Bouillancy, il resta à ses côtés, sur la ligne de feu, et ne le quitta point sous un ouragan ininterrompu de mitraille.

L'enfant n'eut rien, mais le sous-lieutenant fut assez gravement blessé le troisième jour du combat. Sous le feu, André Guédé aida son officier à gagner l'ambulance, il lui prit son sabre, son revolver, ses cartes, sa musette avec, en plus, le casque d'un officier allemand.

Pendant trois heures, l'enfant courut derrière la voiture qui, d'ambulance en ambulance, portait le lieutenant Grivelet à la gare d'évacuation; il se glissa dans le train de blessés, et le 10 septembre il arrivait, avec son officier, à l'hôpital de Riva-Bella (Calvados), où il est actuellement.

*
* *

Le petit fusilier marin

Le samedi 14 novembre partait de Toulon, à destination de Paris, un détachement de fusiliers marins, de la 11ᵉ compagnie, qui venaient au Grand-Palais remplacer ceux de leurs camarades partis précédemment au front. Dans le train se glissa parmi eux un jeune garçon, à la mine décidée, qui leur fit part de son intention de les accompagner à Paris et de faire campagne avec eux.

Ce jeune volontaire, âgé de quinze ans et demi, se nomme Emile Brante. Il est Toulonnais d'origine et sa famille tient un établissement forain. Son père est mobilisé au 10e régiment d'artillerie de forteresse.

Par quels subterfuges le jeune Brante parvint-il à se cacher dans l'un des wagons qui amenait le détachement avec eux, à suivre ce détachement au Grand-Palais, enfin à faire accepter ses services ? Il y mit tant d'insistance, tant de bonne volonté qu'aujourd'hui le jeune volontaire est adopté par les fusiliers marins. Ils lui ont procuré un uniforme et une partie du linge qui lui était nécessaire; l'*Echo de Paris*, qui a reçu hier sa visite, lui a remis les vêtements chauds dont il avait besoin et, prochainement, le jeune garçon espère voir la réalisation de tous ses vœux : le départ vers le front, sus à l'ennemi, comme auto-mitrailleur ou servant d'un projecteur automobile. Il est d'ailleurs plein de confiance en son étoile : « Les Boches ne m'auront pas, dit-il, mais moi, je ne les raterai pas ! »

Souhaitons-lui de pouvoir se tenir parole.

***

Un jeune brave

A peine âgé de dix-sept ans, Joseph Soutelet voulut, comme ses aînés, partir sur le front. Il se présenta au bureau de recrutement pour s'engager, mais on ne put lui donner satisfaction, et on lui conseilla d'attendre qu'il eût atteint l'âge réglementaire.

Cette détermination causa au jeune homme un grand chagrin, et malgré les conseils de ses amis et les supplications de ses parents, il fut inébranlable dans sa résolution, s'équipa et s'en alla un beau soir rejoindre nos troupes.

Il participa aux combats près de Reims, se distingua vaillamment à la ferme de la Vauzelle, où il tua son premier Prussien à la baïonnette et fut félicité par ses chefs. Mais en raison de son jeune âge on dut, bien malgré lui, le ramener chez ses parents, 156, avenue de Neuilly, à Neuilly-sur-Seine. Il y attend impatiemment le moment où il pourra contracter un engagement et se signaler encore par de nouveaux faits d'armes.

Un héros de quinze ans... soigné à Nevers. Engagé, blessé, voici ce qu'il raconte

« Nous eûmes l'honneur d'aller huit fois au feu.

« Le 7 septembre, nous étions dans les environs de Bar-le-Duc, la mitraille prussienne ne nous fut point ménagée, la bataille faisait rage, nous tirions comme des enragés et je vous affirme, Monsieur, que rarement je manquais mon but.

« Malheureusement, sur le soir, des éclats d'obus vinrent me briser une jambe, plusieurs balles m'atteignirent également. Je fus relevé, pansé et dirigé sur cette bonne ville de Nevers, où je suis choyé... »

Voilà l'histoire de ce gosse blond, dont la jeune et rieuse figure m'avait attiré. Ce volontaire de quinze ans n'a pas sa médaille d'identité, mais aux lieu et place, en souriant, il m'a montré, enroulé autour de son poignet droit, un bracelet portant une médaille de Lourdes.

Un caporal de seize ans

Alors que nous causons, passe une corvée commandée par un caporal, un chérubin imberbe et blond, aux joues fraîches et roses.

— Mais, lieutenant, votre caporal a bien l'air d'une petite fille !

— Erreur ! C'est un « vétéran ». Engagé volontaire, il compte déjà une campagne : Anvers ! Et cela compte, n'est-ce pas ?

Je n'en puis croire mes yeux.

— Quel âge avez-vous donc, caporal ?

— Mais, seize ans bientôt, monsieur !

Le cœur remué, je serre la main de ce brave gamin, devant lequel je m'incline — et bien bas — tandis que le caporal esquisse avec un sourire espiègle, un beau salut militaire.

Je n'oublierai jamais, je crois, cette rencontre ni le décor dans lequel elle se fit.

*
* *

Histoire d'un petit noir et d'un lieutenant d'artillerie

Il y a trente-cinq ans, à Dakar, un jeune lieutenant d'artillerie de marine, entrant à son mess, aperçut un petit indigène étendu sur le seuil. Un accès de fièvre paludéenne l'avait soudainement terrassé, tandis qu'il se rendait à l'école, et il était tombé, grelottant de tous ses membres.

Le lieutenant le prit dans ses bras, l'étendit, chaudement enroulé, dans une couverture, sur un canapé du mess et lui administra, dans un grog, la quinine nécessaire. Puis, quand l'accès fut à peu près passé, le lieutenant, sans se soucier des sourires de ses camarades, porta lui-même le gamin chez ses parents.

Le petit noir est aujourd'hui député du Sénégal; le lieutenant qui le soigna jadis est le général Gossot, chargé de la fabrication de notre artillerie lourde.

VINGT-QUATRIÈME ENTRETIEN

Les petits héros de la guerre (*suite*)

I

Le petit téléphoniste

Épisode de la guerre de 1914. (Très authentique.)

C'était là-bas, très loin, sur les côtes de Meuse, un matin d'automne.

A quelques mètres en avant de la lisière d'un bois, il y avait une vieille redoute dont le profil élevé attirait tous les obus allemands. Ils étaient là cent cinquante hommes environ, le front collé au parapet, attendant la mort. N'importe ! le chef avait dit : La redoute doit rester française... Et ils restaient.

A quelques mètres en arrière, sous un abri, dont le fronton vermoulu tremblait à chaque obus, se tenait le poste des téléphonistes qui correspondait avec le colonel commandant le secteur, à quinze cents mètres de là. Parmi eux, il en était un blond, petit et ne tremblant pas. Toutes les cinq minutes, on entendait le clair « allô ! » de sa voix juvénile...

— *Oui, mon colonel, tout va bien... Oui, mon colonel, la redoute tient toujours...*

De temps à autre, la forêt d'automne lançait sur l'abri ses sequins d'or... Pauvres feuilles ! elles aussi souffraient de la guerre... A l'aube, du givre était tombé sur elles...; le grondement du canon avait fait le reste.

Mais la canonnade grandissait; les coups se précipitaient dans une course folle, réduisant en miettes fascines et gabions, fendant les arbres, faisant dans la terre pierreuse d'immenses ricochets, dans la terre où la veille on avait enterré des soldats.

— *Oui, mon colonel, tout va bien*, faisait le petit téléphoniste...

Et là-bas, en avant, les hommes restaient toujours.

Soudain, on entend de ce côté des cris de douleur. Un de leurs 105 est tombé sur le parapet, coupant des jambes, mutilant des visages de vingt ans... Et puis, plus rien, si ce n'est la voix du petit téléphoniste qui, sans se lasser, répétait comme en un *leit-motiv* héroïque :

— *Tout va bien, mon colonel.*

Cinq, dix minutes passent... Dans le tout lointain, on entend un coup sec, puis plus près un sifflement en vrille, enfin le *boum* de quelque géant d'acier s'affalant sur l'asphalte. Des cris plus angoissants que les précédents viennent de la redoute; bientôt un, deux, dix, vingt hommes passent devant l'abri, tremblants, blêmes, le sac à la main, le manchon bleu couvert de terre.

— La *marmite* est tombée sur l'abri du capitaine, l'ensevelissant avec toute une section, fait une voix en courant...

— *Mon colonel, le capitaine et quarante hommes sont ensevelis, que faut-il que je fasse?* lance dans l'appareil le téléphoniste.

— Reste, fait la réponse...

Et la compagnie décimée passait toujours, battant en retraite sur la lisière du bois. Les camarades du petit blond commençaient à s'agiter, les uns préparant leur sac, les autres leur fusil... Dans le lointain, une nouvelle détonation... *Boum!* juste devant l'abri... Décidment, la demeure est intenable; les téléphonistes sortent un par un. Seul, le petit resta, pendu à son fil.

— Tu seras cité à l'ordre de l'armée, fait la voix du chef...

— *Oh! ce n'est pas la peine, mon colonel.*

La compagnie était passée, les obus tombaient toujours, et inlassable, affolée, la vieille forêt lançait ses feuilles déchiquetées et tremblantes.

— *Mon colonel, tout est écroulé autour de moi; je reste seul dans la redoute, que faut-il que je fasse?*

— Reste, fait la voix lointaine, j'envoie une autre compagnie.

— *Bien, mon colonel, je reste.*

Et sous l'abri ébréché et tremblant, au milieu des obus qui de plus en plus faisaient rage, le visage glorifié par une auréole de soleil frileux, jusqu'à l'arrivée de la compagnie toute neuve, le petit téléphoniste resta.

RANSOLI.

Côtes de Meuse, octobre 1914.

II

L'odyssée du jeune Trottemont

Une des plus curieuses odyssées d'enfants qui ont suivi nos soldats en campagne est peut-être celle du jeune Charles Trottemont, âgé de treize ans, à Nancy.

C'est l'aîné de toute une bande d'enfants et il avoue ingénument « qu'il fallait bien qu'il y en eût au moins un par famille pour défendre la France ». Il suivit le 146e de Toul, lors de son passage à Nancy, vers le milieu d'août, fut adopté par une compagnie et fit, avec elle, la plus grande partie de la campagne de Lorraine.

Il était à Morhange, à Haraucourt, à Crévic, à Sommerviller.

Il était surtout chargé des commissions, aidait à la popote et gémissait de ne pouvoir faire le coup de feu, « car, disait-il, un fusil de fantassin est trop lourd pour que je puisse viser ».

Aussi, changea-t-il d'arme, et de fantassin devint-il artilleur au 4e régiment d'artillerie lourde, qui l'adopta, au lendemain de la dernière affaire du Grand-Couronné. Là, il pouvait se débrouiller avec le mousqueton, mais il était surtout « pourvoyeur de gargousses ».

L'officier de batterie, le capitaine Michelant, lui fit faire un joli uniforme d'artilleur, et lui fit servir son prêt comme à un vrai soldat.

Charles Trottemont partit pour le Nord avec les artilleurs. En traversant Nancy, pour aller s'embarquer, il évita d'aller embrasser ses parents.

— Pensez-vous ! s'écrie-t-il. Ils m'auraient gardé !

Il assista encore à maintes batailles, à Etenheen, à Bray et bien d'autres lieux.

Mais ses parents le faisaient rechercher. On le retrouva, il y a quelques jours, et il lui fallut bien, à son grand regret, revenir à Nancy.

C'est un garçon de mine très éveillée, tout fier de se montrer dans les rues en uniforme d'artilleur, passe-montagne sous le képi.

Il montre avec orgueil une lettre de son capitaine, félicitant sa mère, et lui assurant que son enfant s'est toujours conduit en courageux Français, et qu'il promet d'être un vaillant soldat.

Charles Trottemont croit que son capitaine le rappellera au printemps, après les grands froids. Il a rapporté un petit pécule à sa mère, argent du prêt et collecte faite parmi ses grands frères les artilleurs.

**

Un jeune héros

Les journaux ont relaté la présence et publié la photographie du jeune Mercadier, qui, aux côtés de M. Maurice Barrès, assista à la cérémonie patriotique de Champigny. Ce tout jeune soldat de seize ans et demi compte dans les cadres de l'artillerie lourde, et voici dans quelles circonstances il parvint à s'y faire admettre.

« Dès le premier jour de la mobilisation, nous dit-il, je guettai l'occasion de me faufiler parmi les troupes qui se rendaient à la frontière. Mes efforts avaient été stériles, quand, le 9 août, passa à Adamville le 59ᵉ d'infanterie. J'emboîtai le pas à mes aînés et ne les lâchai pas pendant quarante-huit heures. Le matin du second jour nous arrivâmes à Sompuis, où se trouvait le 2ᵉ régiment d'artillerie lourde. La vue des canons, le hennissement des chevaux, l'allure martiale des cavaliers décidèrent de ma vocation. Le soir même, j'étais des leurs, habillé et armé, ainsi que trois autres volontaires.

« Mon instruction fut brève : quarante-huit heures après, j'étais de garde. J'ouvrais l'œil, car on savait l'ennemi proche, et il fallait redoubler de vigilance. Au petit jour, j'entendis un bruit insolite à ma gauche. Je tournai la tête, et vis un Allemand qui dérobait le cheval d'un sous-officier. Je fis hâtivement le tour de ma garde et fus assez heureux pour le saisir au passage. La brute me gratifia d'un coup de baïonnette, mais d'une balle de ma carabine je l'étendis raide mort. Ce fait me valut une citation à l'ordre du jour et une proposition pour la médaille militaire.

« Quarante-sept jours, je restai sur la ligne de feu, faisant mon devoir comme tous les camarades, quand, à Suippes, une fusée d'obus me laboura le dos. Transporté à l'ambulance, puis, de là, à l'hôpital, j'y reçus des soins dévoués, et aussi, ce qui hâta ma guérison, cette médaille militaire dont je suis fier.

« Aujourd'hui, après quelques semaines de convalescence passées au milieu de mes parents, je suis en mesure de reprendre les armes, et, jeudi, je rejoins le 4ᵉ régiment d'artillerie lourde, où je suis maintenant affecté. »

Et tout ceci nous fut par lui-même simplement raconté, en brave garçon heureux d'avoir fait son devoir malgré son jeune âge. Ainsi s'exprime M. Barrès.

VINGT-CINQUIÈME ENTRETIEN

Les petits héros de la guerre (*suite*)

I

Histoire authentique de quatre petits braves

Ils étaient six du même quartier, à Châteaubriant, six gâs bien décidés, mais deux d'entre eux — qui sait pourquoi ? — n'avaient pu quitter le logis. Partir pour la guerre était leur rêve : ils y pensaient matin et soir, et leur complot, bien que machiné dans le plus grand secret, avait fini par percer. Peut-on garder un secret à treize ans ? Le vieux papa à moustaches grises avait fait les gros yeux, et les enfants s'étaient tus.

Un jour, pourtant, ils apprirent que de petit gâs comme eux s'étaient échappés de Perpignan pour aller aux armées. Ils n'y tinrent plus. Mais comment faire ? Les Français refuseraient de les recevoir. Tant pis ! Ils iraient aux Anglais. Justement, Trubert, le plus grand, (quatorze ans), savait un peu d'anglais, les trois autres l'apprendraient vite, et puis, des petits « boys », il y en a des tas dans l'armée anglaise !

Un beau matin, le mercredi 16 courant, ils partirent pour l'école. Ils se rencontrèrent au rendez-vous habituel. On se consulta. « C'est-y pour aujourd'hui ? — Ma foi, oui. — As-tu des sous ? — Plein mes poches ! » On regarda Legouais. « Tu n'as que des sabots ? — J'n'en aurai que plus chaud. »

On partit, et Legouais dirigea la bande. C'était le plus petit, treize ans, bambin bien frêle et tout pâlot, mais les yeux brillants de flamme patriotique.

On alla vers la gare. « Les pauvres Boches ! qu'est-ce qu'ils vont prendre !... » Soudain, Tollard s'arrête : « Hé ! les gâs, attendez ! papa est sous-chef à la gare, et il est de service aujourd'hui. Il va nous pincer. — C'est vrai ! — Partons à pied », dit Legouais.

Ils firent vingt à vingt-cinq kilomètres et à Treffieux sautèrent dans le train. A Blain, grande halte. Ils achètent un pain, le coupent en quatre, et chacun dévore son quart de boule. « Que mangerons-nous ce soir ? — T'en fais pas, dit Lossois; on mangera du pain d'Anglais. »

Après le repas, pour imiter sans doute les grands soldats, nos quatre bambins s'étendent sur le talus de la route, et les voilà à écrire de petites cartes qu'ils ont emportées dans leur sac d'écolier : « Soyez tranquilles, cher papa et chère maman, nous allons partir avec les Anglais, mais nous reviendrons aussitôt après la guerre. Embrassez pour nous petite sœur. »

On repart. Il faut arriver à Nantes ce soir. C'est là qu'on verra les Anglais. On s'embarque de nouveau jusqu'à Doulon. Les fonds... ne permettent pas d'aller plus loin. Nos petits gâs reprennent la route à pied; n'ont-ils pas appris à marcher au patronage, à Châteaubriant ? Ils marchent, et personne ne se plaint. Ainsi faisaient leurs grands frères pourchassant les Prussiens au delà de la Marne.

A 5 heures, ils étaient à Nantes... Plus d'Anglais... Et puis, les pauvres petits sont fatigués et l'estomac les tiraille. Que faire ? Manger d'abord. « Allons voir M. l'abbé », dit Legouais. M. l'abbé, vicaire à Châteaubriant, mobilisé depuis huit jours comme infirmier à la 11e section, est cantonné rue des Orphelins, à l'établissement des Sœurs de Saint-Joseph. On y va.

Arrivés devant le portail, ils risquent un œil à l'intérieur. Un sergent barbu sort du poste, jugulaire au menton. C'est un missionnaire de Jérusalem, rappelé de Palestine par décret de mobilisation. Avec sa longue barbe et ses yeux terribles, il ferait peur à tout autre qu'à Legouais.

— Sergent !
— Qu'est-ce qu'il y a, mon p'tit gâs ?
— J'voudrais voir M. l'abbé.
— C'est-y moi ? demande le sergent. C'est-y un abbé barbu ?
— Non, sergent. C'est M. l'abbé Séché.
— Et qu'est-ce que tu lui veux ?
— Voilà. J'voudrais lui parler. Nous sommes partis pour aller à la guerre, mais nous n'avons plus d'sous. Il nous en donnera.

Le militaire considère un instant ce petit être chétif, mais au regard ardent, fièrement campé devant lui.

— Tu parles d'aller à la guerre ?
— Oui, sergent. On est parti quatre, ce matin, de Châteaubriant. On va rejoindre le front.
— Mais, mon pauvre, petit, on ne voudra pas d'toi...
— J'sais bien. C'est pourquoi nous voulons aller avec les Anglais... On s'enrôlera comme « boy-scouts ».

Le sergent n'en revient pas... Si petits encore et vouloir aller se battre !... Il fait entrer nos jeunes guerriers au poste, les fait asseoir auprès du feu et se fait raconter tout le détail de leur folle équipée. C'était ravissant. Mais les pauvres petits avaient faim. On avertit le cuisinier, vieux clairon du 2ᵉ zouaves, du nom de Doucet, et, pour la première fois qu'ils goûtaient à la soupe des soldats, ils la trouvèrent rudement bonne. Tandis qu'ils mangeaient de bel appétit, on fouilla dans leur sac : on y trouva une chemise, des mouchoirs, des cartes, des crayons, une glace et un petit bout de papier. C'était une chanson. Ils l'avaient composée ensemble plusieurs jours avant leur fugue. On y sent le souffle patriotique.

Ce sont de jeunes voyoucrates,
Marchant fièrement en savates

Qui s'sont caltés un beau matin
Pour faire un'ballade à Louvain.

Ce sont des Castelbriantais.
Ils partent sans rien dans leurs poches
Rejoindr' leurs frèr's sénégalais
Qui combattent contre les Boches!

Ils sont jeun' et malgré l'enfance
Le courage remplit leurs cœurs,
Et pour venger le fier drapeau de France,
Ils marcheront auprès des trois couleurs.

REFRAIN

Ils sont partis galement
Ces petits vagabonds,
Ils sont partis galement
Combattre les Teutons!

Pauvres petits! On leur fit comprendre que la faiblesse de leur âge, l'inquiétude surtout qui tourmentait leurs parents, étaient une raison plus que suffisante pour les empêcher d'aller plus loin. Ils finirent par se laisser convaincre, et M. l'abbé Séché se fit promettre qu'ils ne recommenceraient plus.

On chercha des lits. Il n'y en avait plus. Mais les petits soldats voulurent être militaires jusqu'au bout et demandèrent à coucher dans la paille. Il y avait justement de la place dans la chambre des sous-officiers. On les y conduisit. Détail touchant : ils se mirent à genoux au pied de leur couchette et récitèrent pieusement leur prière du soir. N'est-ce pas ainsi que font nos soldats, là-bas, devant les Boches, avant de s'allonger dans leurs tranchées ? Ils s'enfoncèrent dans la paille jusqu'au cou et s'endormirent.

Je ne sais s'ils rêvèrent la nuit de mitraille, d'exploits, ou de médaille militaire. Mais, pour cette fois, leur première campagne allait s'arrêter là.

Nos jeunes guerriers, la musette remplie de petits beurres et de chocolat (Sœur Marthe, économe de l'hospice, avait pensé à eux), furent reconduits le lendemain à la gare par le sergent barbu, et confiés au chef de train, qui les remit entre les mains de leurs parents, avertis la veille par télégramme.

C'était jeudi. Toute la gent écolière était sur pied, attendant à la gare nos quatre petits braves. Ils firent à leurs camarades une ovation enthousiaste et les reconduisirent chez eux, drapeau tricolore en tête...

Ils sont retournés à l'école; mais dans cinquante ans d'ici, racontant à leurs mioches la guerre fameuse de 1914, chacun d'eux pourra dire : « J'n'avais qu'treize ans, mes p'tits gâs, mais j'y étais !... »

Le sergent du poste de la rue des Orphelins,
lecteur de la « Croix ».

II

Comment un petit enfant de douze ans roula les Allemands

Depuis plusieurs jours, dans un coin de la Somme, une de nos batteries de 75 était installée dans un champ et arrosait copieusement l'artillerie ennemie. Leurs gros canons, comme des aveugles, cherchaient nos pièces à droite, à gauche, sans jamais les trouver. C'était, pour nous, un spectacle réjouissant, si l'on peut dire, et nos artilleurs avaient une place de tout repos.

Or, tous les matins, nos canonniers recevaient la visite d'un petit bonhomme de douze ans, qui arrivait vers eux d'un pas traînard et qui portait un panier rempli de « faînes », qui sont les fruits du hêtre. Ce petit fruit triangulaire a le goût de la noisette, et nos artilleurs en achetaient au gamin pour quelques sous ou les échangeaient contre des biscuits.

Le capitaine de la batterie, d'abord très accueillant, se méfia un peu des visites régulières de l'enfant, et s'apprêtait à le lui faire savoir quand le gamin lui dit en riant :

— Les Boches ne peuvent pas vous dégoter, hein ?

— Non, dit le capitaine, ils sont bien maladroits.

— Oh ! soyez tranquilles, poursuivit l'enfant, le plus naturellement du monde, soyez tranquilles, ils ne vous dégoteront pas de si tôt : hier, je leur ai dit que vous étiez devant le grand foyard.

— Tu les renseignes donc ? dit le capitaine d'une voix rude.

— Oui, mais mal.

— C'est eux qui t'envoient ?

— Oui, mais ne vous tourmentez pas, je leur dirai aujourd'hui que vous avez changé de place, que vous êtes près de la maison, à droite.

— Allons, mon petit bonhomme, dit l'officier, tu ne vas pas retourner là-bas ?

— Ah ! mais si. Faut même que j'y sois pour le déjeuner, sans cela ils tueraient maman. C'est eux qui me l'ont dit.

Et l'enfant héroïque partit, insouciant, comme s'il ne savaient pas qu'il risquait sa vie.

D'ailleurs, aujourd'hui, il n'y a plus rien à craindre, car nos troupes ont reconquis son village et il peut vendre ses « faînes » paisiblement, sans avoir à redouter les vengeances odieuses des barbares.

VINGT-SIXIÈME ENTRETIEN

Les petits héros de la guerre (suite)

I

Le « poilu » Chocolat

Récemment est arrivé au dépôt du 8ᵉ bataillon de chasseurs à pied, en Vendée, un « poilu » de treize ans, que les chasseurs ont surnommé Chocolat. Voici l'histoire de ce brave enfant :

Chocolat se nomme, en réalité, Charles Bascle. Il est né à Bagnolet (Seine). Ayant perdu ses parents, il avait été recueilli par M. l'abbé Santol, qui le plaça chez M. Lejeune, fermier à Baroche, dans l'arrondissement de Briey. C'est là qu'il se trouvait lorsque la guerre éclata. M. Lejeune subit la loi commune et vit sa ferme dévastée. Charles Bascle était du même coup sans abri. Qu'allait-il devenir ?

Sur ces entrefaites, vint à passer, près de Baroche, le 8ᵉ bataillon de chasseurs. Charles Bascle le suivit. Il conta son histoire, qui attendrit le commandant. On l'autorisa à marcher avec le convoi de munitions. Chefs et soldats l'adoptèrent vite. En raison de son jeune âge, et comme si on voulait rappeler que c'était celui où l'on aime les gourmandises, on le surnomma Chocolat.

Chocolat fit preuve d'endurance et de bravoure. Il assista avec le bataillon aux combats d'Arrancy, de la Marne, de la Fère-Champenoise. A cette dernière bataille, sous le feu terrible des Prussiens, il ne cessa, au péril de sa vie et avec un sang-froid surprenant, de ravitailler sa section en munitions. Il monta ensuite en Belgique, toujours avec le bataillon, et il se trouvait à Furnes, lors qu'il fut atteint de la fièvre typhoïde. Il resta à l'hôpital de cette ville pendant le bombardement, puis on le transporta à l'hôpital de Dunkerque.

Lorsqu'il fut guéri, le général Foch, qui avait été mis au courant de sa bravoure, décida qu'il compterait régulièrement au 8e bataillon de chasseurs. En conséquence, il fut affecté à la 15e compagnie, et voilà comment il vient d'arriver au dépôt en congé de convalescence.

*
* *

Le jeune Pichon, âgé de quatorze ans, fils de commerçants de Saint-Servan (Ille-et-Vilaine), quittait, il y a trois mois, la maison paternelle, et, à pied, se rendait en Artois. Adopté par un régiment, il combattit à côté de ses aînés, se distingua à La Boiselle et gagnait les galons de caporal.

Il vient de rentrer à Saint-Servan prendre un repos bien gagné.

*
* *

Un autre jeune brave, le quartier-maître Nicolas (Yvon), du 2e régiment de fusiliers marins, vient d'être, en ces termes, proposé pour la médaille militaire :

« Malgré un feu nourri de l'ennemi, a hissé sa mitrailleuse sur des sacs de terre qui le séparaient des Allemands dans une tranchée; a détruit la plus grande partie de ceux-ci, a mis les autres en fuite, permettant ainsi à un peloton de chasseurs cyclistes de pénétrer dans une maison, point d'appui de la droite ennemie. »

Pour un autre fait de guerre, il est également l'objet d'une citation à l'ordre du jour.

Le quartier-maître Nicolas aura *dix-sept ans* le 22 mars prochain.

**

Un brave petit garçon

Voici la lettre d'un brave enfant adressée d'Algérie, à son père, qui s'est engagé, malgré ses quarante-huit ans. Lui aussi, il veut servir la France, comme éclaireur, et il demande l'autorisation à son père, dans des termes émouvants :

« Tu as de la chance parce que, ayant dépassé l'âge, tu as demandé à être soldat et tu l'as obtenu. Moi, j'ai deux difficultés à surmonter : la première, c'est ta permission, et la deuxième, c'est d'être accepté. Je reste à l'école comme un mioche de quatre ans, moi qui voudrais tant servir mon pays.

« Je fais mon devoir en restant à l'école et en travaillant bien, parce que, si la France n'a plus d'hommes instruits, elle perdra son rang parmi les autres nations. Mais, dans le cas où nous sommes, il faut tout laisser pour la défendre.

« Quand je serai entraîné, je pourrai aller en France. Là-bas, je servirai d'éclaireur, avec les autres Français de mon âge, qui n'ont pas peur.

« Je m'attends à un gros oui de ta part; je compte sur ta bonne volonté, et je serai bien peiné si tu me refuses cela.

« Quand la guerre sera finie, je reviendrai à l'école; j'apprendrai beaucoup plus facilement qu'en ce moment et, au bout d'un an, je pourrai décrocher mon brevet, que tu désires tant. »

Certainement que le papa ne dira pas non et nous aurons bientôt un brave petit pioupiou de plus sur les routes de France.

***

Proposé pour la médaille militaire à seize ans...

Est inscrit au tableau spécial de la médaille militaire, à compter du 3 janvier 1915 :

Ratto (François), âgé de 16 ans, volontaire au 27e bataillon de chasseurs.

« Parti de Menton avec le 27e bataillon de chasseurs alpins, a marché constamment dans ses rangs et a combattu avec lui depuis le début des hostilités, payant d'exemple et montrant la plus héroïque bravoure; a été grièvement blessé, le 23 novembre, par un éclat d'obus qui lui a sectionné presque complètement le pied; au milieu des plus cruelles souffrances, il a conservé sa gaieté. »

Malheureusement, sa mère vient d'apprendre la mort du jeune héros, tombé au champ d'honneur au cours de la bataille de l'Yser, frappé par un éclat d'obus. Il fut inhumé avec tous les honneurs militaires dans le cimetière français de Furnes.

II

Un petit fantassin de quinze ans

Des voyageurs qui se trouvaient, hier, en gare du Nord, ont été vivement impressionnés par l'arrivée, en compagnie de plusieurs dames de la Croix-Rouge, d'un petit fantassin en tenue de campagne, couvert de boue et paraissant harassé de fatigue.

Le jeune soldat, âgé de quinze ans à peine, fut conduit au bureau militaire. Son odyssée n'est pas banale.

Edouard Minat, — c'est son nom, — né à Lyon, exerçait dans cette ville la profession d'aide-maçon. A la déclaration de guerre, son patron fut mobilisé, ainsi que la plupart des ouvriers du chantier; le malheureux enfant, qui ne possède plus aucun parent, se trouva dénué de toutes ressources.

Voyant partir le 92e régiment de ligne, Minat prit crânement la résolution de le suivre.

Accueilli paternellement par les soldats, il fut, à sa grande joie, équipé, puis armé. Minat prit part à toutes les actions engagées par ce régiment, qui se trouve actuellement du côté de la Belgique.

Le jeune soldat raconte sans forfanterie ses faits d'armes dont il paraît fier. Au cours de plusieurs contre-attaques, il aurait, paraît-il, tué à coups de baïonnette, trois ennemis.

Après quatre mois de guerre, ne pouvant plus supporter, dans les tranchées, les rigueurs de la température, brisé de fatigue, Minat demanda à rejoindre le dépôt du régiment pour se reposer.

Le jeune soldat a été recueilli dans un hôpital temporaire de Paris.

*
* *

Marcel Vernier

Le plus jeune maréchal des logis de France, c'est, sans contredit, Marcel Vernier, âgé de treize ans et deux mois, nommé sur le champ de bataille, brigadier, puis maréchal des logis.

Cet enfant appartient à la 24e section de munitions, 2e batterie du 3e régiment d'artillerie. Blessé à la jambe par un éclat d'obus, à la Bassée, il vient d'être transféré à Paris.

En récompense des services rendus sur le champ de bataille, Marcel Vernier a été proposé pour la médaille militaire.

Originaire de Montbéliard, il avait réussi à se faire nommer aide-cuisinier au 3e régiment d'artillerie; abandonnant bientôt les fourneaux, il prit un mousqueton, fit le coup de feu avec les soldats, apprit à monter à cheval et, dans les Vosges, conquit ses premiers galons par sa brillante conduite.

C'est en ravitaillant sa batterie, sur le champ de bataille, que le jeune sous-officier tomba blessé. Son vœu le plus cher est d'être promptement rétabli pour retourner combattre les « Boches ».

*
* *

Ferdinand de Cock et ses deux camarades

Trois jeunes garçons de quatorze, quinze et seize ans, Ferdinand de Cock, domicilié 29, rue de l'Eglise, à Montreuil; Léonce Mallet, 34, rue de la Justice, à Bobigny, et André Rey, 1, rue de Malvy, à Laforce (Dordogne), sont arrivés hier à Paris, venant du front.

Ils avaient quitté le domicile de leurs parents au début de la mobilisation et étaient partis bien décidés à faire le coup de feu dans les tranchées.

Le premier s'était glissé dans un régiment de zouaves qui campait à Montreuil. Le 10 août, il arrivait en Belgique, où se livraient de terribles combats. Le 23, il prit part à la bataille de Charleroi, où il reçut une blessure au cours d'une charge à la baïonnette. En dépit de sa belle conduite, le colonel, étant donné son jeune âge, le fit reconduire à Paris.

On le soigna dans un hôpital auxiliaire, puis il repartit. A sa mère, qui le suppliait de rester à la maison, le courageux enfant répondit : « Sois sans inquiétude, petite maman, les obus, ça ne fait pas de mal. Dans une nuit, les Allemands en ont tiré six cents... Nous avons eu deux hommes blessés ! » Depuis, il n'a cessé de combattre et, maintes fois, il a mérité les félicitations de ses camarades.

Le second, Léonce Mallet, parti avec le 4e colonial, se battit dans le Nord et en Belgique. Ayant appris sa présence parmi les troupes, le général dirigeant les opérations dans la région donna l'ordre de le ramener à ses parents. En vain, les soldats supplièrent-ils qu'on leur laissât ce gentil compagnon, qu'ils avaient pris en amitié...

Le troisième, André Rey, s'était embarqué avec le 8ᵉ d'infanterie et avait, lui aussi, lutté pour la défense du sol sacré de la patrie. Découvert, il y a quelques jours, à Berry-au-Bac, où il campait depuis un mois, il fut évacué, malgré ses supplications.

*
* *

La fillette aux tranchées

Le chanoine Collin, parlant des colonies scolaires autour de Paris des enfants belges qui ont perdu leurs parents, raconte ce joli trait :

« Une petite fille de neuf ans qui est maintenant dans une colonie à Versailles, je crois, avait eu son père et sa mère tués : elle est recueillie par une compagnie de soldats belges; ils lui font un bon lit dans un coin abrité de leur tranchée; chaque soldat devient son père et sa mère. Ils la font prier le matin et le soir; elle s'habitue au canon et à la fusillade. Quand la compagnie allait au feu, elle mettait son enfant en prière et l'ange égrenait son chapelet, à genoux, au fond de la tranchée, pendant que la bataille faisait rage; si tous ne revenaient pas, il restait à la petite assez de papas et de mamans parmi les survivants pour qu'elle ne s'aperçoive pas trop des sanguinaires appétits de la mitraille et du canon.

« L'histoire de cet enfant n'est-elle pas ravissante, et combien du même genre en racontera-t-on plus tard ? »

VINGT-SEPTIÈME ENTRETIEN

Les orphelins de la guerre et les fils des héros

I

Mes chers Enfants,

Des œuvres de bienfaisance en grand nombre sont en train de se fonder pour pourvoir à l'éducation et à l'instruction, à commencer ou déjà avancée, des jeunes enfants privés par la mort de leurs pères, de la tutelle et de la paternelle direction que confèrent la nature et la Providence.

L'Etat a formé des projets de loi, les députés et sénateurs ont proposé des amendements. L'élaboration des lois de cette nature est extrêmement délicate. Elle sera laborieuse et les représentants de la liberté des pères de famille et, à leur défaut, des mères de famille ou des tuteurs légaux, parleront avec autorité pour revendiquer la pleine liberté religieuse.

Espérons que nulle entrave ne surgira et que les chers petits orphelins de la guerre pourront être admis dans les œuvres fondées par des associations catholiques, par des sociétés de secours mutuels ou autres. L'initiative des citoyens généreux, qui veulent souscrire pour des orphelins de la guerre, doit être encouragée de toute manière. Il faut des capitaux et des dévouements et un souffle généreux de patriotisme.

Ces chers orphelins ont besoin d'être adoptés et subventionnés, mais ils doivent être toujours distincts des autres orphelins autant qu'il sera possible et élevés dans les conditions où leurs pères les eussent élevés.

Quel pourra être, un jour, votre devoir à l'égard de vos petits camarades, les orphelins de la guerre?

On vous le dira au moment opportun.

Quand ces orphelins le mériteront par leurs qualités et leurs vertus, vous les préférerez à d'autres, pour en faire vos amis et les compagnons de vos études et de vos jeux. Il y aura souvent à gagner pour vous dans la fréquentation de petits camarades, gardant dans leurs cœurs le souvenir toujours vivant de leurs pères frappés au champ d'honneur.

Vous pouvez solliciter de vos parents, qui auront les ressources suffisantes, d'aider efficacement les œuvres qui adopteront des orphelins de la guerre. Vous êtes enfant unique, ne sacrifierez-vous pas volontiers quelque chose de votre superflu, pour faire une place libre à vos côtés?...

Que ce serait beau!...

Après le rôle bienfaisant de parrain et de marraine, que beaucoup d'entre vous ont accepté vis-à-vis des blessés et des combattants sans famille et des prisonniers, une belle et noble action dans les familles riches sera l'adoption sous une forme légale de quelques orphelins de la guerre. Un frère ou une sœur d'adoption venant d'une famille frappée par la guerre, ce sera le charme de l'existence d'un jeune homme ou d'une jeune fille, fils ou fille unique!...

II

Si nous voulons jeter à l'avance des regards anticipés sur la situation et le rôle social des enfants dont les pères sont morts pour la patrie, nous apercevons dans dix ans, dans vingt ans d'ici, dans des foyers fondés après la guerre, un culte resté inoublié de tous les membres survivants des familles éprouvées; c'est celui des héros dont les noms et les portraits se transmettront d'âge en âge. Les lettres écrites du front, les citations à l'ordre du jour, comme les croix de guerre et les médailles militaires, resteront parmi les reliques familiales les plus appréciées.

Quelles seront singulièrement suggestives de courage, de patriotisme et de grandes vertus ces précieuses traditions de famille datant de la guerre de 1914-1915!... Ce seront des legs inappréciables pour les descendants!

La scène si touchante racontée par Pierre L'Ermite dans « *Fleur de sang* » se sera reproduite de génération en génération :

« Mes enfants ont entendu à genoux, devant le portrait de leur père, la lettre qui nous annonçait sa mort.

« Mes sanglots (c'est la mère qui écrit) me forçaient souvent à m'interrompre, mais cette lettre m'a fait du bien, mes larmes coulent moins amères.

« Rien ne pouvait mieux apaiser ma douleur que ce détail : mon mari a passé ses derniers moments devant l'autel de Sainte Vierge à laquelle je l'avais tant recommandé! Elle n'a pas exaucé toute mon ardente prière. Mystère des décisions d'En-Haut!... Que sa sainte volonté soit faite!

« Des mains pieuses ont couché mon mari dans son cercueil...

« Vous m'avez remplacé, recevez ici toute la reconnaissance de mon pauvre cœur brisé.

« Votre lettre est une relique sainte. Mes enfants en conserveront chacun une copie pour les aider plus tard dans le chemin du devoir... »

— Petits orphelins de la guerre, fils ou filles des héros tués sur le champ de bataille, faites que, pour vous, les tombes chéries gardent l'écho fidèle de la voix paternelle. Vous l'écouterez toujours quand vous irez prier là où repose un des combattants de la grande guerre que vous avez aimé.

LECTURE

Frères et sœurs de guerre. — Parrainage et marrainage de la jeunesse française et alliée

L'Union des familles françaises et alliées, fondée sous le haut patronage du président de la République, des ministres, des sénateurs et des ambassadeurs des puissances alliées, a le but suivant : faire protéger moralement une famille qui a perdu son chef au champ d'honneur par une autre famille de même situation sociale ayant conservé le sien. L'Union intervient pour l'aide pécuniaire, les soins, la défense devant les tribunaux, etc.

L'Union vient de créer une filiale, « Frères et Sœurs de guerre », car les orphelins sont douloureusement frappés.

C'est le principe du parrainage et du marrainage militaires, créé par Mme Lemaire-Crémieux, appliqué aux enfants.

Chaque enfant heureux âgé de sept à dix-sept ans prend sous sa protection un autre enfant de un ou deux ans plus jeune que lui, dont le père a été tué à la guerre. Cette protection n'implique aucun engagement à la famille du protecteur... Elle consiste pour celui-ci à correspondre avec son petit camarade malheureux, à lui envoyer des vêtements, des jouets, des livres, quand il veut et comme il veut. Le cœur de l'enfant doit seul lui dicter son devoir.

Pour que soit évité tout risque de froissement d'une famille à l'autre, protecteur et protégé seront enfants du même culte. C'est du moins le principe que tient à observer la fondatrice de l'Œuvre, et auquel il ne sera dérogé que si les intéressés y ont préalablement consenti.

*
* *

Un soldat français cité à l'ordre de sa division pour avoir sauvé le St-Sacrement du milieu des flammes

C'est — lisons-nous dans la *Semaine catholique de Toulouse* (n° du 25 juillet, reproduisant le *Courrier de Bayonne*) — c'est dans un petit village d'Alsace, au pied des Vosges, à quelques centaines de mètres des Boches. Depuis six mois que les dragons y montent la garde, ils ont vu peu à peu les toits s'effondrer et les murs s'émietter, sous les coups quotidiens des obus et des marmites. Ce ne sont plus seulement des marmites de gros calibre qui éclatent de toutes parts, mais aussi des obus incendiaires, qui, naturellement dirigés sur le clocher, font de l'église et des maisons environnantes un brasier infernal en quelques secondes. Le presbytère, modeste maison qui semblait avoir été placée près de l'église pour être mieux protégée, devient vite la proie des flammes. Le curé n'a que le temps de sortir de la cave où il s'était réfugié, mais, sitôt dehors, il pense à l'Hostie, qu'il avait déposée dans sa chambre et qui va disparaître sous les cendres !... Il ne sait comment faire... et il se lamente !...

Un cavalier du ...ᵉ dragons, un Basque d'Urrugne, le jeune Iruretagoyena, qui se trouvait dans un abri, à proximité, n'hésite pas. Il demande au prêtre où se trouve le Saint-Sacrement, laisse d'abord s'effondrer une grosse poutre enflammée, et se précipite dans le brasier !

Quelques instants après, il ressort, portant fièrement le Ciboire et le remet au curé, en lui disant, dans son langage mi-basque, mi-français : « Jé voulé faire lé grand génuflexion..., mais lé temps je n'ai pas eu... j'en ai fait quand même lé pétit !... »

N'est-ce pas beau de voir ce petit Basque penser, avant tout, malgré le danger qui menace de l'engloutir, à rendre hommage à son Dieu !...

Le lendemain, le commandant d'Iruretagoyena, presque un compatriote, lui aussi, apprend le geste héroïque de ce brave, qui, dans sa modestie, n'a même voulu raconter à personne ce qu'il a fait, tant il trouve son acte naturel. Une citation est faite aussitôt, et, quelques jours plus tard, Iruretagoyena était cité à l'ordre de la ...ᵉ division de cavalerie, avec ce beau motif : « Excellent soldat, qui a toujours fait preuve de beaucoup de courage, depuis le début de la campagne. Le 22 mai, étant en vedette, a eu une attitude très crâne pendant un violent bombardement. Le 16 juin, *pendant l'incendie d'A..., a empêché le curé d'aller chercher le Saint-Sacrement au milieu des flammes, y est allé lui-*

même, malgré les débris enflammés qui tombaient de tous côtés et, passant par une fenêtre, l'a rapporté au prêtre. »

Le trait que nous venons de rapporter, ajoute le rédacteur de la *Semaine catholique de Toulouse,* nous est confirmé dans tous ses détails par une lettre particulière, qu'on a bien voulu nous communiquer, et qui est adressée au R. P. Abbé de la Trappe de Sainte-Marie-du-Désert par le cher sous-prieur de cette maison, actuellement maréchal des logis au régiment de dragons dont fait partie le cavalier cité à l'ordre du jour.

Et, après avoir relaté l'acte héroïque de ce jeune Basque, le digne religieux-soldat ajoute :

« Pardonnez-moi, mon Très Révérend Père, de commencer ma lettre aujourd'hui par cette citation. Ne croyez-vous pas qu'elle vaille d'être connue ? Comme les temps sont changés !... »

VINGT-HUITIÈME ENTRETIEN

Les jeux habituels des enfants

I

Mes chers Enfants,

C'est souvent au milieu de vos ébats joyeux, lorsque vous dépensez votre ardeur à des plaisirs de votre âge, que l'on cherche à discerner, à l'avance, vos qualités ou vos défauts. La guerre vous a tous, du jour au lendemain, faits guerriers et c'est ainsi qu'elle vous a grandis et mûris avant l'heure habituelle. Parmi vous, les futurs officiers ont surgi de tous les côtés.

N'est-il pas vrai que, dès le début de vos vacances de 1914, aussitôt que se sont ébranlées les cloches qui annonçaient la mobilisation, vous avez compris que commençait pour vous une période nouvelle et pleine d'inconnu. Plus de banalité dans votre caractère! Vous êtes devenus soudain très attentifs à ce qui se disait et se faisait autour de vous. La France vous apparaît plus digne d'être aimée. Lorsqu'on disait

« tous les hommes vont partir! » ne paraissiez-vous pas un peu humiliés de n'être que des enfants? Vous avez dit : « Quand nous serons plus grands, nous ferons la guerre ». Mais déjà, vous aviez décidé de la faire en petit.

Dès lors vous avez mieux travaillé, vous vous êtes rendus utiles à la maison, dans les champs, à l'atelier et l'esprit des batailles a soufflé sur vous.

Dans les premiers jours, vous ne jouiez presque plus, vous regardiez avec passion les soldats défiler et se diriger vers la gare; c'était pour les escorter, des fleurs à la main, et pour les acclamer; tous les petits regardaient passer les trains sur les grandes lignes qui menaient nos bataillons au front, avec des regards d'envie...

Puis, insensiblement, les jeux ont repris, mais alors on a joué à la bataille, délaissant le jeu classique des voleurs et des gendarmes, et le génie inventif des enfants a créé des jeux d'une variété aussi grande que les services de l'armée et d'un intérêt palpitant. Ah! les bons petits soldats en culottes courtes!...

Dès le début, les enfants se sont heurtés à une difficulté, c'est qu'aucun d'eux ne voulait être Allemands. Alors, il fallut pour s'entendre, tirer au sort les nationalités, ou se faire des concessions mutuelles.

Les Allemands improvisés devaient se laisser écraser à tous les coups.

Ils ne pouvaient pas, ils ne voulaient pas être vainqueurs.

Ce fut une constatation très curieuse que les petits, pas plus que leurs aînés qui font la guerre pour de bon, ne consentent à se laisser prendre un drapeau.

Autour du drapeau la lutte devenait presque tragique.

Nous avons sous les yeux un dessin humoristique de Poublot. Un petit bataillon d'enfants est passé en revue par un tout jeune capitaine de 12 ans. Celui-ci s'arrête devant un bambin coiffé d'un casque de Prussien : « Ben, mon vieux, t'es pas dégoûté!... »

II

Un jour, un enfant veut former une armée, dite l'armée des « Boches ». Il plaisantait avec trop d'évidence pour que l'on pût s'en fâcher, mais les autres disent aussitôt : « Il ne faut pas s'appeler comme cela, même pour s'amuser... »

Ils avaient parfaitement raison; tout ce qui de près ou de loin rappelle la France et son armée, les barbares et la guerre, tout cela n'est affaire de jeu que pour un moment. Tout de suite, les enfants pensent aux soldats qui se battent, à leurs pères, à leurs frères aînés; ils pensent aux maisons qui brûlent et aux petits garçons qui s'en vont tout seuls par des nuits noires, sur des routes inconnues, pour fuir l'ennemi.

Pauvres petits Belges ou Flamands, ouvrons-leur nos rangs...

Les jeux des tranchées furent mis au point par des « Poilus » revenant du front, très expérimentés. Quelle ardeur et quelle habileté pour les créneaux à établir et les postes-observations! Plusieurs enfants ont eu des habillements militaires complets avec cuirasses, sabres, sacs, etc., etc.

On eut des jeux divers, des patrouilles dans les bois; ramper, pour surprendre l'ennemi ou éviter les obus, fut un exercice en grand honneur. La défense du drapeau, le siège d'un fortin, les sorties en masses, les boum-boum de la grosse artillerie, les charges à la baïonnette avec blessés, morts, brancardiers, etc., tout le drame de la guerre se reproduisit en petit. Des ambulances et des transports de blessés s'effectuèrent, des médecins-majors avec insignes et galons, apparurent au moment opportun. On essaya d'escalader des fossés, de passer des ruisseaux, représentant l'Yser ou la Marne. Quelles chevauchées!...

Quand nous avons pu assister à ces jeux passionnants, nous éprouvions un grand sentiment de satisfaction. Ah! disions-nous, voilà déjà de petits braves, qui sauront, l'âge venu, quand le devoir les appellera, accomplir des actes d'héroïsme. Vive la France en fleurs!...

Les petites filles sont devenues dames de Croix-Rouge avec insignes, infirmières-majors, imaginant des pansements, des frictions, voire même des opérations simulées. On en a vu d'autres se faire distributrices de café, de cigarettes et de cache-nez. Quelques-unes ont pu, par faveur, pénétrer près du chevet des malades. On a cité une fillette qui avait sollicité le doux privilège de consoler un papa gravement atteint et privé de sa petite Yvonne.

A Noël, beaucoup de fillettes demandèrent au Petit Jésus un costume complet d'ambulancière. Quelle grâce et quelle gentillesse dans leurs petites manières!...

VINGT-NEUVIÈME ENTRETIEN

Les protecteurs et protectrices de la France et les enfants

I

Mes chers Enfants,

Puisque, depuis le commencement de la guerre, vous avez été compté parmi les *intercesseurs* dont la France a besoin pour obtenir de Dieu un secours efficace pendant les combats et la victoire finale, il est utile que votre confiance soit raffermie et votre piété sans cesse en éveil.

Vous savez que la France est le « royaume de Marie ». C'est pourquoi sa bonté et sa puissance sont sans limites, son bras ne plie jamais, quand il s'agit de défendre notre patrie et sa main est toujours tendue pour nous secourir.

Par la sainte Vierge, l'histoire nous le prouve, la France a cessé d'être païenne et ce fut un enfant, un petit prince, né du mariage de Clovis avec la pieuse

Clotilde, toute dévouée à Notre-Dame, qui fut l'occasion providentielle du baptême du premier roi des Francs par saint Remy.

Pépin et Charlemagne furent des grands dévots de la sainte Vierge et quand le chevalier Rolland mourut glorieusement à Roncevaux, on éleva sur son tombeau un sanctuaire à Notre-Dame. Ainsi a-t-on fait dans toutes les provinces de France quand un secours miraculeux était accordé par la sainte Vierge.

Au xe siècle quand les Barbares arrivèrent sous les murs de Paris, qui arrêta les farouches soldats normands? La sainte Vierge. L'évêque de Chartres arbora le voile sacré de Marie au bout d'une lance, au front de la bataille et, Rollon, l'invincible Rollon se sentit terrassé par une puissance mystérieuse, il fut mis en fuite.

Plus tard, au temps des Croisades, en soutenant toujours le courage de nos chevaliers qui portaient ses blanches couleurs mêlées à la pourpre des crucifix, la Vierge Marie, invoquée par le *Salve Regina*, sauvait la France de la barbarie musulmane, l'Espagne et l'Europe entière.

Au temps de saint Dominique, la Vierge Marie, en révélant la dévotion du Rosaire à son serviteur, lui dit: « Prêche mon rosaire et tu seras plus vaillant que Montfort lui-même et ses croisés fidèles. » Les Albigeois furent vaincus.

Aussi, nos ancêtres avaient pris l'habitude de dire après tous les combats et les défaites réparées que « Sainte Marie s'était encore une fois montrée bonne Française ».

Elle l'a bien prouvé en nous donnant d'autres protectrices avec elle.

Ses apparitions à la Salette, à Lourdes, à Pontmain dans les temps modernes, ont renouvelé les interventions miraculeuses d'autrefois.

II

La sainte Vierge nous donna sainte Geneviève en l'année 451 pour repousser Attila, le fléau de Dieu, loin de notre capitale.

Geneviève, âgée de 28 ans en ce temps-là, réunit les femmes de la cité et leurs petits enfants pour des supplications au Seigneur et pour faire pénitence.

Les Parisiens n'ont point oublié leur Libératrice d'autrefois et leur Patronne en 1914. L'esprit de Geneviève est passé dans les bons Français d'aujourd'hui.

C'est, en effet, pendant la neuvaine de prières qui réunissait près de son tombeau des foules consciencieuses et ferventes, que les Allemands ont fléchi sur la Marne et se sont éloignés poursuivis par nos armées victorieuses.

Après la bataille de Charleroi, les Allemands marchaient sur Paris à une vitesse de 45 kilomètres par jour. Le jeudi 3 septembre, ils étaient à Compiègne et à Senlis.

Ce jour-là, mes chers enfants, retenez bien ce fait historique, le généralissime Joffre donna comme mot de passe : « JEANNE D'ARC ». Le lendemain 4, était le premier vendredi du mois. Tandis que les Parisiens et les fidèles de la France entière imploraient avec ferveur le Sacré-Cœur, les Allemands qui étaient déjà à quelques kilomètres du Bourget, interrompent leur marche en avant et obliquent vers le Sud-Est.

Pourquoi? Nos généraux ne s'expliquent pas encore aujourd'hui cette manœuvre imprévue. Ce mouvement se continue le samedi 5 et les portait jusqu'aux rives du grand et du petit Morin.

Le dimanche 6, commençait le Triduum à sainte Geneviève, les Allemands reculent encore et le mardi, 8 septembre, fête de la Nativité de la sainte Vierge, les ennemis sont repoussés de 40 kilomètres. La victoire de la Marne est définitivement gagnée et le général Joffre peut l'annoncer officiellement.

Et Jeanne d'Arc, notre bienheureuse nationale, est-ce que déjà elle n'est pas intervenue, de son côté? Son heure spéciale d'intervention pour la victoire décisive viendra-t-elle bientôt? Nous sommes en droit de l'espérer.

Elle a déjà protégé Domremy et Vaucouleurs, son territoire de prédilection pour les années de son enfance. Ne va-t-elle pas donner la main au-dessus des Vosges à la chère patronne de l'Alsace : *sainte Odile* qui va devenir une fois de plus sa libératrice.

N'oublions pas non plus de compter sur notre grand archange saint Michel et sur tous les saints et saintes, chers à la France chrétienne par le culte qui leur a été rendu, leurs miracles éclatants, et leur apostolat d'autrefois. Nommons parmi les principaux: Saint Germain, saint Denis, saint Martin, saint Louis et bien d'autres.

LECTURE

A sainte Odile, patronne de l'Alsace

Air : *Sous le beau ciel de la Judée,*
Un soir, à l'heure de minuit.

Nous avons passé la frontière,
Heureux de vivre un jour si beau;
Demain, l'Alsace tout entière
Acclamera notre drapeau.

REFRAIN

O sainte Odile, lève-toi,
  Car c'est la France
Qui te revient pleine de foi,
  Belle d'émoi;
Pour ton pays, voici le jour
  De délivrance;
La haine fuit... Du vieil amour,
  C'est le retour!

Debout sur la sainte montagne,
Assiste-nous dans les combats;
Qu'au loin fléchisse l'Allemagne,
Lorsque s'élancent nos soldats.

Oublions la blessure ancienne;
Ils sont finis les jours de pleurs,
A son nœud noir, l'Alsacienne
Pique gaiement nos trois couleurs.

Dans le village qui s'apaise,
N'entends-tu pas des voix d'enfants,
Epeler, en langue française,
Des mots joyeux et triomphants?

Quand le fidèle, dans l'église,
Entend la parole de Dieu,
C'est en français qu'elle est émise
Et les cœurs vibrent au Saint Lieu.

L'humble cadran où l'heure sonne,
Fier de marquer tous nos succès,
Nargue Berlin et carillonne :
— Je suis redevenu Français !

Les vétérans à barbe blanche
S'en vont, au champ des trépassés,
Dire à leurs morts : « C'est la revanche,
« Tous les Prussiens seront chassés ! »

De notre gloire, sois jalouse,
Plus de délai, plus de détour,
Rends-nous Colmar, rends-nous Mulhouse,
Pour bientôt nous rendre Strasbourg !

Jeanne bataille et nous fait place,
En délivrant le sol lorrain,
A toi, nous réclamons l'Alsace,
Toute l'Alsace et le vieux Rhin !

Jean VÉZÈRE.

Merci à la Sainte Vierge

Dame ! on réfléchit quand les obus et les balles sifflent autour de vous ; on ne songe guère à blasphémer. Pour moi, je crois que la sainte Vierge m'a visiblement protégé.

Le 15 août, le jour de sa fête justement, j'ai vu la mort de bien près. J'étais estafette, chargé de porter un pli au général. Mon peloton, envoyé en découverte à Bellefontaine, en Belgique, avait été reçu à coups de fusil.

Nous étions trois blessés.

Pendant un quart d'heure les balles ont passé; ni moi ni mon cheval ne furent atteints. Je pars au galop porter mon pli. Je fais deux kilomètres environ. Soudain, à un croisement de route, deux uhlans me barrent le chemin, revolver au poing. Il faut passer pourtant; deux balles me frôlent la tête, j'enlève mon cheval d'un bond, d'un terrible coup de sabre en travers de la face je mets un uhlan hors de combat, il jure tout ce qu'il sait, moi je ne l'attends pas et je passe. Pas une égratignure.

Logiquement, je devais y rester, c'est N.-D. de Lourdes qui écartait les balles, j'ai toujours une de ses médailles à mon cou et j'espère qu'elle continuera à me protéger.

G..., dragon.

Jeanne d'Arc et la France

Les Allemands semblent avoir une terreur superstitieuse de Jeanne d'Arc. C'est ce qui ressort particulièrement d'un bon nombre de lettres adressées à leurs familles par des soldats allemands ayant combattu dans les environs de Verdun.

Ils racontent qu'ils apercevaient, au-dessus de cette ville, une immense Jeanne d'Arc et qu'ils avaient beau tirer sur elle et la bombarder, ils ne pouvaient jamais l'atteindre. Et l'on sent, en lisant ces lettres, qu'ils ne sont pas éloignés de voir là une intervention surnaturelle.

Pour nous Français, gardons une confiance invincible dans la protection de notre grande sainte nationale, et invoquons-la fréquemment, à l'exemple de ce petit soldat français qui mourut de ses blessures dans un hôpital de Thionville en s'écriant : « Jeanne d'Arc, sauvez la France ! »

**

Jeanne, reviens, nous t'attendons!

Air : *Pitié, mon Dieu.*

I

Reviens encore, ô toi, Vierge lorraine,
Viens de nouveau pour sauver ton pays.
Comme autrefois, nous sommes dans la peine,
Fais aujourd'hui ce que tu fis jadis.

REFRAIN

En ta puissance
Nous avons foi.
Tous les enfants de France
Se tournent vers toi.

II

Du Nord au Sud, on entend la tempête,
Sur l'Univers semble planer la mort.
De nos armées, Jeanne, reprends la tête.
Comme au passé, nous t'attendons encor.

III

Le canon tonne et vomit la mitraille,
A l'horizon passe un torrent de fer.
Jeanne, entends-tu le bruit de la bataille ?
Tous les démons sont sortis de l'Enfer.

IV

Parents, amis sont partis aux frontières
Pour arrêter cet ouragan d'acier.
Oh ! garde-les, écoute nos prières :
En ta bonté nous pouvons nous fier.

V

Pauvres enfants, nous n'avons que nos larmes.
Recueille-les, offre-les à Jésus.
De nos soldats qu'Il bénisse les armes :
Notre pays ne l'offensera plus.

TRENTIÈME ENTRETIEN

Ce que la France attend des enfants

I

On se demande, dans tous les partis, quelle France va naître des tranchées et des holocaustes sublimes offerts pour la Patrie?...

La réponse la plus décisive est celle qui serait donnée par les jeunes générations qui ont vu la guerre et qui en ont souffert sans y participer directement. Les héros victorieux garderont leur enthousiasme, et trouveront sans doute à raconter des injustices et des lâchetés à côté d'actes sublimes.

Les victimes directes de la guerre, les ruinés, ceux dont les familles auront été décimées, songeront avant tout à refaire leur fortune ou à se consoler. Les grands blessés de la guerre, les amputés seront entourés de sympathie et n'auront pas trop de leur courage personnel pour souffrir sans se plaindre. Les uns et les autres ne pourront être des ouvriers très entreprenants de la restauration de la France.

Ce sont les jeunes générations dont il faut attendre la complète solution du problème de l'avenir. Elles auront à compléter leur éducation patriotique, elles vont écouter et réfléchir et de toutes les opinions émises se formera leur jugement personnel. Elles aimeront passionnément la France, après sa délivrance, comme on aime une mère arrachée au tombeau. Leur suprême désir sera de lui rendre sa gloire entière et sa prospérité et de donner à l'Alsace et à la Lorraine reconquises des témoignages d'affection sans limites.

Aussi, chers enfants, apprêtez-vous à entrer en scène. Une *âme française nouvelle*, par vous doit naître. Vous la préparez en étudiant de très près, pour les faire entrer dans votre vie, les exemples d'union entre citoyens, d'esprit d'abnégation et de sacrifice, de fraternité admirable qui ont été donnés à la nation entière par ses fils de tout rang, de toute condition, de toute opinion. Vous serez patriotes au degré le plus parfait du mot.

Arrière les discussions sur des questions secondaires! La France doit revivre dans la liberté religieuse, dans la tolérance à l'égard de tous, dans un esprit de paix et de concorde et dans une activité prodigieuse de tous les travailleurs dirigés, éclairés et loyalement soutenus.

Arrière le sectarisme étroit et persécuteur! Arrière la proscription et l'exil pour les Français!

De vous, vos familles, mes chers enfants, attendent encore plus de respect et d'amour filial; vos frères aînés dont la France honorera la mémoire, vous ont laissé le soin de consoler et de soutenir vos parents affligés et de réparer toutes les injustices et toutes les ruines.

De vous, la société attend des jeunes gens mûris avant l'âge, capables de grands dévouements et visant, dans toute leur conduite, à ne pas laisser déchoir la France victorieuse et à fonder au plus tôt de belles et nombreuses familles.

II

La France, mes chers enfants, attend de vous que VOUS VOUS SOUVENIEZ :

Vous souvenir des expiations sublimes qui ont racheté la France et mérité son pardon, des beaux miracles de la Providence faisant triompher l'âme sur la matière, suscitant des saints et des héros, faisant crier : « Pardon, mon Dieu, et, vive la France! » convertissant les athées, domptant les sectaires et faisant au Saint-Sacrement des escortes de défenseurs et de sauveurs. Oh! quels beaux souvenirs!...

Vous souvenir, et avoir longtemps la mémoire et le cœur remplis de ceux qui ont combattu et qui sont morts, Français, Belges et Anglais, Russes, Italiens, nègres de nos colonies et marocains conquis à la France. Ce sera une manière de payer votre dette de reconnaissance.

Vous souvenir de vos petits frères et sœurs, les martyrs, les héros, les disparus de votre âge, victimes de la guerre terrible.

Vous souvenir des belles jeunes filles, des bonnes mamans, des aïeules qu'il fallait porter du lit à leur fauteuil, massacrées sans pitié.

Vous souvenir des prêtres, les hommes de charité et de paix, torturés, fusillés, les uns s'offrant pour sauver leurs paroisses, les autres accusés faussement d'avoir tiré sur les Allemands.

Vous souvenir des otages martyrisés en Belgique et prisonniers en Allemagne.

Vous souvenir enfin, des Allemands violateurs des traités, organisateurs des incendies, des massacres, des bombardements d'églises, etc., etc., méconnaissant toutes les lois de la guerre et de l'hospitalité, jetant le feu, les gaz asphyxiants, les poisons, les obus incendiaires à pleines mains, reculant jusqu'aux époques de barbarie les bornes du terrifiant fléau.

Oh! quel horrible cauchemar de revoir toutes ces atrocités même en souvenir!... Mais il le faut pour la France de demain.

Ces souvenirs douloureux et glorieux, à la fois, vous aideront à cultiver votre intelligence et votre force morale. Vous apprendrez à être bons pour avoir souffert et vu souffrir. Jamais vous n'aurez assez d'amour et de pitié en réserve pour les malheurs des autres.

Que les Français, enfin, deviennent tout à fait frères. Après le Français que l'étranger vous soit aussi un frère, parce que les joies et les douleurs égalisent les hommes.

Mais qu'il y ait en vos cœurs, ô les jeunes témoins de la guerre, cette triple enceinte : les Français; — les autres hommes aimés de la France, — mais les Allemands à très longue distance, hors de la portée de vos amitiés. Fermez vos foyers futurs, vos usines, vos maisons de commerce, vos banques à l'élément teuton. Transmettez cette consigne à vos descendants, cette consigne de défiance et de détestation, pour que de génération en génération, la France, redevenue elle-même, continue d'être le chevalier du droit et de la justice, le bras droit de Dieu dans ses grands gestes miséricordieux, et la fille aînée de l'Église.

ÉPILOGUE

MASSEVAUX

1870

La longue guerre était finie : les traités étaient signés; c'était la paix!

C'était la paix pour l'Europe que le spectacle de dix mois de lutte militaire et diplomatique entre la France et la Prusse avait profondément secouée.

C'était la paix pour la France, blessée au flanc droit et portant une plaie profonde, libérée tout de même et si vite debout qu'elle parut plus belle encore dans son désastre que dans sa gloire.

Il n'y eut qu'un pays qui ne connut pas la paix, qu'une terre où la main du conquérant continua de peser chaque jour plus lourde : l'Alsace-Lorraine!

En ce temps-là, grossi par les neiges fondues aux pentes du ballon d'Alsace, le Dolloran hâta son cours vers Massevaux pour annoncer le printemps, la fertile vallée revêtit sa parure ancienne pour saluer le retour de la vie : mais le printemps s'étonna, car il ne put soulever l'immense voile de tristesse qui recouvrait le site enchanteur où Massevaux, si riant jadis, pleure et ne veut pas être consolé.

L'école est ouverte. Les enfants sont entrés, tous, par ordre ; la lourde main a aussi passé là. Le maître est dans sa chaire. Le maître, chargé par le vainqueur de former l'âme des petits à une autre image que celle des parents! Le maître, sec, raide, dur, pareil à ces hommes de fer qui arrivèrent en août, qui piétinèrent le sol et les habitants pendant tout le temps de la guerre et qui sont maintenant chez eux là où la France était chez elle. Le maître, cravache en main comme l'officier, différent de lui seulement par l'absence du casque pointu! Et le maître commence à parler, martelant en cette langue rude, contournée, obscure qu'est l'allemand des phrases de suite haineuses et provocatrices : « Deutschland über alles », qui veut dire : « l'Allemagne au-dessus de tout »!

Les petits tremblent, baissent les yeux, pleurent. L'homme de fer rit aux éclats... vous savez, ces éclats d'Allemands, toute bouche ouverte et toutes dents longues! Ah! la belle conquête que celle d'une terre sans âme : à Massevaux flotte le drapeau allemand... le Dolloran roule maintenant des flots allemands, à l'école gronde la voix allemande : mais l'âme de ces choses est absente. L'hiver avait amené la mort : printemps, si doux ailleurs, ici, depuis lors tu n'as jamais pu ramasser la vie... les enfants de Massevaux pleurent depuis quarante-quatre ans!

1915?...

Or l'hiver est encore venu : le ballon d'Alsace s'est vêtu de velours blanc, le Dolloran est retenu par les glaces, la bise d'hiver descendue des Vosges s'étonne à son tour de ne pas pouvoir répandre la mort dans la vallée de Massevaux, redevenue à jamais souriante.

L'école est ouverte. Elle est pleine comme au jour où parut l'homme de fer. Mais, cette fois, les enfants sont accourus en habits de fête. Ils ont retrouvé leur sourire. Ils ont fini de pleurer. Tout autour de la salle les parents sont rangés : pères et mères nés au temps du despotisme allemand, mais dont l'âme fut pétrie de la leçon des aïeuls. Et ceux-ci, au fond, barbe blanchie et front ridé dans l'amertume de l'esclavage, mais si majestueux qu'on les prendrait volontiers, comme firent les Gaulois du Brenn à l'aspect des sénateurs de Rome, pour des dieux du passé qui avaient défié l'avenir.

Le maître aussi est là, dans sa chaire... dans la même chaire où tourna l'Allemand à la voix rauque. Mais le maître d'aujourd'hui a le sourire sur les lèvres... c'est un sergent de France. Il dicte dans la douce langue de France : « Nous n'avons qu'une patrie... » — Et les enfants s'appliquent. Et leur écriture est soignée. Et après avoir écrit, curieux ils lèvent le nez. Et tous les yeux bleus qui éclairent ces visages roses regardent le maître dont la claire voix passe comme une brise d'été : « C'est la France !... »

L'hiver peut venir... il peut demeurer... il ne fera plus jamais froid au cœur des enfants de Massevaux et plus jamais sur leurs joues roses leurs yeux bleus ne pleureront.

Olivier DE ROUGÉ.

Nous remercions vivement l'auteur si patriote de cette délicieuse page de contrastes entre 1870 et 1915. Puisse-t-il être exaucé bientôt dans ses désirs et ses vœux ardents que partagent tous les Français!

FIN

TABLE DES MATIÈRES

DÉDICACE A MGR NÈGRE, ARCHEVÊQUE DE TOURS............... V
AVERTISSEMENT VII

PREMIER ENTRETIEN

L'âme guerrière 1
Lecture : Une fillette de douze ans. — Un héros de sept ans. — Monument commémoratif de l'héroïsme des enfants. — Aux écoliers de France 5

DEUXIÈME ENTRETIEN

La stratégie et la tactique de la guerre 8
Lecture : Histoire de tranchées............................. 12

TROISIÈME ENTRETIEN

Les âmes blessées ou prisonnières........................... 14
Lecture : Frères d'armes (poésie). — Un hussard fait 300 prisonniers 18

QUATRIÈME ENTRETIEN

La vaillance prépare la victoire 21
Lecture : Trois petits soldats blessés. — L'héroïsme d'un jeune Parisien 25

CINQUIÈME ENTRETIEN

Pénitence et travail.. 28
Lecture : Le baiser aux héros. — L'exploit d'un chasseur à pied 32

SIXIÈME ENTRETIEN

Sacrifices et générosités 34
Lecture : Un joli trait de bravoure et d'amitié. — Deux jolis mots 38

SEPTIÈME ENTRETIEN

La prière en temps de guerre.. 41
Lecture : Jeannot voudrait être un ange. — Un dessin du Ulk. — Le coup de la pendule qui n'est pas à l'heure. — Gavroche au feu 45

HUITIÈME ENTRETIEN

Les visions de la guerre 48
Lecture : Belle conduite d'un conscrit de vingt ans. — Un héroïque boy-scout Belge. — Un vaillant petit bonhomme. 52

NEUVIÈME ENTRETIEN

La vision des réfugiés et des blessés 55
Lecture : La cocarde (poésie).. 59

DIXIÈME ENTRETIEN

Les enfants martyrs 62
Lecture : Le courage. — Emouvante cérémonie 67

ONZIÈME ENTRETIEN

Les enfants martyrs (suite).. 69
Lecture : Actes de bravoure 72

DOUZIÈME ENTRETIEN

Les enfants martyrs (suite). 75
Lecture : Le serment de l'Hindou. — Un réquisitoire bien documenté 78

TREIZIÈME ENTRETIEN

Les enfants martyrs (suite). 81
Lecture : Un aéroplane sur Paris : Denise Cartier. — N° 6 et N° 12. 85

QUATORZIÈME ENTRETIEN

Les mains coupées 88
Lecture : La sauvagerie allemande............................ 92

QUINZIÈME ENTRETIEN

« Elles ne repousseront plus! » Jemma Helmackers........ 94
Lecture : Le petit aveugle. — Un jeune héros reçoit la médaille militaire 97

SEIZIÈME ENTRETIEN

La prière de la petite fille aux mains coupées............... 99
Lecture : L'enfant de l'Escadron. — Quatre petites filles. 103

DIX-SEPTIÈME ENTRETIEN

La journée des enfants le 11 février 1915.................... 105
Lecture : La prière des enfants (cantique). — Prière à l'usage des enfants d'un soldat....................................... 108

DIX-HUITIÈME ENTRETIEN

Les lettres échangées.. 112
Lecture : Les lettres et les réponses............................. 115

DIX-NEUVIÈME ENTRETIEN

Les lettres échangées (suite)....................................... 118
Lecture : La dernière messe....................................... 127

VINGTIÈME ENTRETIEN

Noël aux armées 130

VINGT ET UNIÈME ENTRETIEN

Donnez pour nous, un baiser au drapeau..................... 135

VINGT-DEUXIÈME ENTRETIEN

Les bonnes surprises de Noël...................................... 142

VINGT-TROISIÈME ENTRETIEN

Les petits héros de la guerre 148

VINGT-QUATRIÈME ENTRETIEN

Les petits héros de la guerre (suite).................. 154

VINGT-CINQUIÈME ENTRETIEN

Les petits héros de la guerre (suite).................. 159

VINGT-SIXIÈME ENTRETIEN

Les petits héros de la guerre (suite)...... 165

VINGT-SEPTIÈME ENTRETIEN

Les orphelins de la guerre et les fils des héros.............. 172
Lecture : Frères et sœurs de guerre. — Le Saint-Sacrement sauvé par un jeune soldat................................ 175

VINGT-HUITIÈME ENTRETIEN

Les jeux habituels des enfants............................ 179

VINGT-NEUVIÈME ENTRETIEN

Les protecteurs et protectrices de la France et les enfants. 183
Lecture : A sainte Odile, patronne de l'Alsace (cantique). — Merci à la Sainte Vierge! — Jeanne d'Arc et la France. — « Jeanne, reviens, nous t'attendons » (cantique) .... 1.

TRENTIÈME ENTRETIEN

Ce que la France attend des enfants 192

ÉPILOGUE

Massevaux : 1870-1915?.................................. 197

IMP. P. TÉQUI, 92, RUE DE VAUGIRARD, PARIS.

www.ingramcontent.com/pod-product-compliance
Lightning Source LLC
Chambersburg PA
CBHW051919160426
43198CB00012B/1954